LES

ASSURANCES POPULAIRES

OU

PETITES ASSURANCES SUR LA VIE

COMMENTAIRE PRATIQUE DE LA LOI DU 11 JUILLET 1868

SUIVI DE TARIFS ET DE DOCUMENTS DIVERS
SUR LES ASSURANCES INDIVIDUELLES OU COLLECTIVES EN CAS
DE DÉCÈS OU D'ACCIDENTS

PAR

J.-C. PAUL ROUGIER

Docteur en droit

Avocat à la Cour impériale de Lyon

PARIS
GUILLAUMIN ET Cie, LIBRAIRES-ÉDITEURS
rue Richelieu, 14

LYON
P. MOUGIN-RUSAND, IMPRIMEUR-ÉDITEUR
rue Stella, 3

1869

LES

ASSURANCES POPULAIRES

LES

ASSURANCES POPULAIRES

OU

PETITES ASSURANCES SUR LA VIE

COMMENTAIRE PRATIQUE DE LA LOI DU 11 JUILLET 1868

SUIVI DE TARIFS ET DE DOCUMENTS DIVERS
SUR LES ASSURANCES INDIVIDUELLES OU COLLECTIVES EN CAS
DE DÉCÈS OU D'ACCIDENTS

PAR

J.-C. PAUL ROUGIER

Docteur en droit

Avocat à la Cour impériale de Lyon

PARIS
GUILLAUMIN ET Cie, LIBRAIRES-ÉDITEURS
rue Richelieu, 14

LYON
P. MOUGIN-RUSAND, IMPRIMEUR-ÉDITEUR
rue Stella, 3

1869

AVANT-PROPOS

Quand l'auteur d'un ouvrage se hasarde à le livrer au public, il agit toujours sagement en révélant l'intention qui le lui a inspiré et le but qu'il s'est proposé d'atteindre.

Nous devons d'autant plus observer ici cette coutume, que le travail que nous faisons paraitre n'était pas originairement destiné à la publicité.

Une très-intéressante société de secours mutuels dont nous avons l'honneur d'être président, l'*Union lyonnaise des commis et employés de commerce et d'administrations*, soucieuse de réaliser tous le progrès qui peuvent naître d'une sage et intelligente prévoyance, a confié à une commission, formée dans son sein, le soin d'étudier, d'une manière permanente, les moyens les plus propres à améliorer la condition de ses membres, et à ajouter pour eux, aux avantages ordinaires de l'assistance mutuelle, ceux résultant des institutions de retraite pour la vieillesse et d'assurance sur la vie.

Afin de pouvoir plus efficacement prendre part aux travaux de cette commission et faciliter ses recherches, nous avons cru opportun de faire personnellement une étude spéciale des caisses d'assurance créées par la loi du 11 juillet 1868, et de résumer ensuite nos observations en quelques pages, accompagnées des tarifs adoptés.

Mais la nature des questions qui s'élèvent en cette matière, et qui intéressent toutes les personnes dont le travail est la principale ressource, nous a entraîné progressivement à de plus amples développements.

Sur cette pente, nous avons été aisément porté à croire que notre étude pourrait être d'une utilité plus générale que celle en vue de laquelle nous l'avions commencée, et qu'elle rencontrerait des lecteurs sympathiques, même en dehors du cercle restreint auquel elle s'adressait d'abord.

Si nous ne nous sommes pas trompé ; si quelques personne, après avoir parcouru ce petit volume, en arrivent à apprécier les nombreux avantages de l'assurance sur la vie, et à reconnaitre qu'elle permet au plus modeste travailleur de laisser toujours un petit patrimoine à sa famille, ou de se préserver lui-même, autant que possible, des fatales conséquences d'accidents résultant du travail industriel ou agricole ; notre intention sera remplie, nous aurons démontré, une fois de plus, que la prévoyance, l'épargne et son intelligent et utile emploi, sont les plus surs moyens de triompher de la misère.

LES

ASSURANCES POPULAIRES

OU

PETITES ASSURANCES SUR LA VIE

ÉTUDE SUR LA LOI DU 11 JUILLET 1868

INTRODUCTION

SOMMAIRE

1. *Détresse causée par la mort ou les accidents survenus aux chefs des familles dont le travail est la principale ressource.*
2. *Difficulté d'épargner pour subvenir à toutes les éventualités.*
3. *L'Assurance peut seule remédier à l'insuffisance de l'épargne.*
4. *Elle est un des moyens les plus surs et les plus moraux de constituer un patrimoine aux veuves et aux enfants.*
5. *Développements considérables, en Angleterre et en Amérique, de l'Assurance sur la Vie.*
6. *Refus habituel et presque nécessaire des petites Assurances par les Compagnies.*
7. *Le problème des petites Assurances est résolu en Angleterre par l'intervention de l'Etat.*

1. A qui n'est-il pas arrivé de connaître des familles dont l'aisance, reposant entièrement sur la tête de leur chef, a disparu, en quelque sorte du jour au lendemain, par la mort de celui-ci, ou par la maladie ou les infirmités résultant pour lui d'un accident imprévu ?

Tous les jours, ne voit-on pas des sinistres, des événements malheureux, arracher des pères de famille au travail qui faisait vivre leur femme et leurs enfants ?

Il en est ainsi dans toutes les régions sociales, aussi bien chez le travailleur obscur, dont les bras sont l'unique gagne-pain de sa famille, que chez le commerçant, l'industriel, l'employé, le fonctionnaire, qui n'ont d'autre fortune que leur intelligence et leur activité.

2. Si, du moins, une épargne antérieurement amassée en prévision des mauvais jours, si un capital conquis sur les fruits du travail pouvaient remplacer pour la famille en détresse le fructueux labeur de son chef !

Mais combien souvent l'épargne est difficile et même impossible !

Que de situations ne se maintiennent aisées, en apparence, qu'à l'aide de la consommation presque intégrale des revenus du travail.

3. Par quelle combinaison peut-on donc remplacer le capital que l'exiguïté des ressources, ou la rapidité d'un coup fatal, n'a pas permis d'amasser ?

La science économique a depuis longtemps indiqué ce moyen : c'est l'*Assurance*.

De même que l'Assurance répare les pertes causées par la grêle, l'incendie, l'épizootie, la foudre, les naufrages, de même elle peut remédier pécuniairement aux conséquences de l'infirmité subite, ou de l'accident mortel qui brise une carrière laborieuse.

4. A la vérité, d'illustres jurisconsultes ont considéré comme immorale et dangereuse l'Assurance sur la Vie.

Telle était l'opinion, non-seulement de Pothier, il y a cent ans, mais de Portalis et de Merlin qui, au commencement de ce siècle, prétendaient la proscrire de notre législation, par le motif qu'elle favoriserait la fraude et la cupidité, et que, d'ailleurs, la vie de l'homme ne saurait être estimée à prix d'argent.

Mais les économistes et les jurisconsultes modernes ont protesté contre cette opinion : MM. Touillier, Pardessus, Troplong, Alauzet ont justifié l'Assurance sur la Vie, devant la morale et la loi, et les ordonnances royales, comme les décisions de la jurisprudence, l'ont déclarée valable et l'ont autorisée (1).

Déjà d'ailleurs, en 1787, une ordonnance de Louis XVI, mieux inspirée que ne le furent à cet égard les jurisconsultes contemporains de notre Code civil, avait donné naissance à la *Compagnie d'Assurances générales sur la Vie*, réorganisée plus tard par une ordonnance du 22 décembre 1819, et qui a vu depuis, à son exemple, un nombre considérable de Compagnies s'établir, ou joindre à leurs opérations premières les assurances en cas de mort.

Il est donc aujourd'hui en France définitivement prouvé par les faits et reconnu par la science et la jurisprudence que l'Assurance sur la Vie est le moyen tout à la fois le plus sur, le plus facile et le plus moral de « doter les veuves, de créer un patrimoine aux enfants qui ont perdu leur père, un héritage à ceux qui n'en laissent pas » (2).

(1) Dalloz, Répertoire de législation, V° Assurances, n° 310 et suivants.

(2) Mémoire présenté en 1863 à l'Académie des sciences morales et politiques, par M. A. Cochin, publié dans la *Revue d'Economie chrétienne*, n° de juillet 1863, p. 102.

5. Mais quelque opinion favorable que l'assurance sur la vie inspire aujourd'hui aux économistes et aux jurisconsultes, elle n'a encore chez nous qu'un développement restreint, et ne profite guères qu'à ceux dont les revenus sont assez larges pour leur permettre d'épargner et de payer de fortes primes.

En Angleterre, en Amérique, il en est différemment.

Tandis qu'en France la somme engagée dans quinze Compagnie d'Assurances sur la Vie ne dépasse guères 150 millions; en Angleterre, où ce contrat est pratiqué depuis 160 ans, 240,000 personnes environ ont en ce moment quatre milliards engagés dans les assurances souscrites par 200 Compagnies (1).

En Amérique, où les Assurances sur la Vie n'ont commencé qu'en 1830, nous voyons le total des polices souscrites dépasser, en 1862, au milieu de la guerre, 400 millions de dollars (2).

6. Ces magnifiques résultats n'ont point empêché les économistes anglais, préoccupés du sort des classes laborieuses, de constater chez eux une lacune dans les progrès de l'Assurance sur la Vie.

En effet, les personnes qui auraient le plus besoin d'y avoir recours, c'est-à-dire les travailleurs modestes dont les ressources sont limitées, ne peuvent pas, en général, aborder les tarifs des Compagnies d'Assurances.

Et cela se comprend ; il est reconnu que l'Assurance, à raison des difficultés de son organisation, des chances

(1) Leplay, Réforme sociale, 1. 219.

(2) A. Cochin, Mémoire cité plus haut, p. 99.

qu'elle affronte, des frais d'administration et de perception qu'elle a à couvrir, est d'autant plus prospère et efficace qu'elle opère sur des capitaux plus considérables. C'est pourquoi, dans tous les pays, les Compagnies qui offrent, au moyen de combinaisons variées, des garanties contre tous les sinistres, s'adressent-elles de préférence aux risques couverts par de plus fortes primes.

Elles dédaignent ce qu'on appelle « les petites Assurances, » et elles arrêtent leurs opérations à la limite où elles commenceraient à devenir accessibles aux modiques épargnes.

De là le problème de la réalisation des petites Assurances, si nécessaires au travailleur qui n'a pour capital que ses bras.

7. La recherche d'une solution à cette question d'un si haut intérêt pour les classes laborieuses de tous les pays, a conduit l'illustre chancelier de l'échiquier, M. Gladstone, à constater qu'en Angleterre les individus ne peuvent pas, les Compagnies ne veulent pas, les Sociétés mutuelles ne savent pas établir l'Assurance sur la Vie pour les petites sommes. (1).

De là, il a été porté à conclure à la nécessité de l'intervention de l'Etat.

(1) A la vérité, il existe bien en Angleterre des Compagnies spéciales (industrial) qui pratiquent l'Assurance sur la Vie exclusivement pour les ouvriers, mais il s'y glisse tant d'abus, et elles offrent si peu de garantie qu'elles ont été souvent considérées plutôt comme un fléau que comme un avantage pour les petites épargnes, c'est ce que constatent le Rapport de M. de Beauverger sur le projet de loi présenté au Corps législatif, p. 5, et le Mémoire de M. Cochin, p. 99, d'après lequel de 1844 à 1863, 259 Compagnies anglaises d'Assurances auraient sombré, entraînant avec elles les économies qui leur avaient été confiées.

Cette intervention avait cependant contre elle : les doctrines, les traditions, les mœurs de la population.

Avec une fermeté justifiée par une conviction éclairée et par l'urgence d'une solution, M. Gladstone, dans un discours resté célèbre, a démontré qu'il s'agissait d'étendre aux classes peu aisées le bienfait de l'Assurance ; qu'il était juste, utile et pratique, dans le sens le plus élevé du mot, que c'était même un devoir sacré du législateur de donner à celui qui ne peut avoir que de petites économies le moyen de jouir avec sécurité d'une institution de prévoyance, qu'il fallait donc faire ce que les particuliers ne pouvaient pas faire, et moins dans le but d'entraver que de réveiller et d'exciter l'initiative privée (1).

« Je dois déclarer — ajoutait M. Gladstone — que ma prévention contre l'intervention de l'Etat dans les affaires est tout aussi forte que celle de qui que ce soit dans le Parlement. Nous avons vu cette intervention s'étendre beaucoup de nos jours, et de différentes manières : *L'intervention la plus positive*, la plus directe, est celle qui, pour remédier à un mal moral ou politique, prescrit l'observation de telle ou telle règle. Vous y avez eu recours dans la loi sur les manufactures et dans certaines questions d'hygiène ; c'est certainement une grande atteinte portée à la liberté d'action de l'individu, et c'est aussi un des côtés éminemment carastériques de notre époque.

« *Le second mode d'intervention* consiste dans une prohibition pure et simple : telle est la loi par laquelle vous avez limité le travail des enfants dans les manufactures ;

(1) Rapport de M. de Beauverger, p. 6. Mémoire de M. Cochin cité ci-dessus.

c'est encore une atteinte grave à la liberté personnelle, mais on peut dire que les chambres ont été presque unanimes quant à l'adoption de cette mesure, et personne ne peut contester les heureux effets qu'elle a produits. Nous arrivons maintenant à la *troisième forme d'intervention*, c'est de toutes la plus inoffensive. Elle n'ordonne rien, ne défend rien ; vous mettez seulement à la portée des citoyens qui peuvent en profiter de nouveaux moyens de se suffire à eux-mêmes. Telle est la véritable portée du projet que je vais vous exposer, je ne nie pas qu'il entraine une certaine intervention de l'Etat ; que je vous doive à son sujet des développements et des explications, mais ce que je nie, c'est que les clameurs et les craintes d'absorption par le pouvoir exécutif doivent nous empêcher de réfléchir aux devoirs qui nous incombent ; ce que nous avons à montrer, c'est que l'Etat peut en toute sûreté, en toute justice, donner suite au projet. »

8. Ces considérations triomphèrent des répugnances qu'inspirait l'intervention de l'Etat, et un bill du 14 juillet 1864 autorisa la création d'une Caisse de Retraite pour la Vieillesse et d'une Caisse d'Assurances sur la Vie, avec le concours et la garantie de l'Etat.

9. Nous n'avons pas à nous occuper ici des Retraites pour la Vieillesse. La France, en cette matière, avait devancé l'Angleterre, en créant, par une loi du 18 juin 1850, la Caisse générale de Retraites, loi qui, améliorée et complétée par des lois postérieures, et notamment par celle du 4 mai 1864, permet aujourd'hui aux déposants de s'assurer jusqu'à 1,500 fr. de pension, en réservant, après leur décès, leur capital à leur famille.

10. Mais le problème des petites assurances sur la vie, ainsi tranché en Angleterre, restait à l'état d'étude en France.

Le projet d'une création analogue, présenté dès 1862, par M. Jullien, directeur du commerce intérieur au ministère des travaux publics, avait été l'objet d'un rapport favorable de M. Devinck, au sein de la commission de surveillance de la Caisse des Retraites.

Le même problème, ayant été posé à l'Académie des sciences morales et politiques, donna lieu à un remarquable mémoire de M. A. Cochin, dans lequel l'auteur, après avoir fait une étude approfondie de l'institution anglaise, émet les combinaisons suivantes :

« 1° L'Assurance sur la Vie est la forme la plus désintéressée de la prévoyance, et elle mérite d'être encouragée.

« 2° Réduite à de petites sommes, elle est délaissée par les Compagnies solides, exploitée par des Compagnies suspectes. Elle doit être, *au moins provisoirement*, confiée à l'État.

« 3° Le service des postes est le meilleur auxiliaire de l'épargne populaire (1).

11. L'opportunité de ces conclusions s'est trouvée fortuitement corroborée par la détermination, prise en Amérique, de suivre l'exemple de l'Angleterre; détermination qui a abouti, en 1867, sur la demande même de plusieurs compagnies, à l'établissement d'une garantie de l'État, résultant d'un dépôt de fonds, constatée par l'émission de

(1) Mémoire cité plus haut, p. 76.

polices enregistrées, et entraînant un droit de contrôle et de surveillance minutieusement exercé.

12. C'est dans ces circonstances, et alors que les deux pays où les institutions populaires sont le plus en progrès, offraient l'exemple du recours à l'Etat pour les petites Assurances, que fut présenté au Corps législatif français un projet de loi portant création de deux Caisses d'Assurances sous la garantie de l'Etat : — l'une *en cas de décès*, offrant une certaine analogie avec l'institution anglaise, mais plus libérale qu'elle ; — l'autre, *en cas d'accidents* survenus dans l'exécution de travaux agricoles ou industriels, conçue sur des bases exposées par l'Empereur, dans une lettre adressée le 28 juillet à M. le ministre d'Etat.

13. Il importait de justifier avant tout le principe de la garantie de l'Etat sur lequel reposait l'organisation proposée. Voici comment s'exprime, sur ce point, l'Exposé des motifs du projet de loi :

« Ici s'élève une question qui a sa gravité, en présence du mouvement qui s'est opéré dans les esprits, en présence surtout du principe que le gouvernement proclame et applique tous les jours, qu'il doit se tenir éloigné du cercle où se meuvent les conventions individuelles, il est permis de se demander s'il n'y a pas inconséquence à placer l'institution qui vous est proposée *sous la garantie de l'Etat*.

« Sans doute, le lien qui, dans la pensée de la Commission supérieure, rattache à la Caisse des Retraites celle des Assurances en cas de mort, comme un corrollaire forcé, pouvait faire désirer qu'elles fussent placées l'une et l'autre sous le même régime. Sans doute encore, il y avait quelque justice à faire profiter l'une comme l'autre d'une gestion désintéressée et sans frais ; mais ces motifs, qui ne sont pas dénués de toute valeur, ne sont pas ceux qui ont inspiré le projet.

« La loi qui vous est présentée fixe à 3,000 francs le maximum du capital qui peut être assuré au décès. Cette limite indique suffisamment qu'il s'agit ici, comme dans les Assurances en cas d'accidents, de faire appel aux petites épargnes ; le projet a surtout en vue les situations modestes pour lesquelles la perspective d'une somme de 3,000 francs présente un intérêt véritable.

« Or, il résulte de renseignements pris avec le plus grand soin, que les Compagnies qui s'occupent de ces sortes d'affaires ne font point ce qu'on appelle *les petites Assurances;* ou, si elles en font quelques-unes, ce n'est que très-exceptionnellement et dans le but unique de propager le principe de leurs opérations.

« Les Compagnies ont, en effet, la très-légitime ambition de faire des bénéfices, tout en rendant service à ceux qui traitent avec elles.

« Cette condition d'un bénéfice nécessaire n'existe pas dans les contrats qui n'assurent que de petites sommes; car la perception proportionnelle à laquelle ils donnent lieu est absorbée, en totalité, par les frais de l'opération. Il en résulte que, loin de rechercher les petites Assurances, les Compagnies les évitent, comme on évite toujours dans l'industrie une peine sans profit.

« Mais il en résulte aussi, et c'est ici que se présente une raison grave en faveur de la garantie de l'Etat, il en résulte que le bienfait de l'Assurance en cas de mort restera inaccessible à l'épargne populaire si une organisation désintéressée, et n'ayant en vue que le bien public, ne le met pas à sa portée.

« Il est évident que l'Etat seul peut se charger d'une semblable entreprise ; l'expérience a ainsi consacré une espèce de limite à l'action de l'industrie privée en matière d'Assurance ; et là où l'absence de bénéfices met fin au rôle des Compagnies, là un grand intérêt public donne naissance à celui de l'Etat.

« Au surplus, le projet ne se borne pas à rendre possibles, pour tous, les avantages de l'Assurance en cas de mort; il procure encore à ses associés un profit que nul ne pourrait leur donner, en déchargeant leurs versements de toute espèce de contribution aux frais des contrats.

« Il est bon d'ajouter que les Compagnies, par leurs représentants les plus éminents, reconnaissent qu'elles n'ont rien à redouter de l'institution proposée ; que les Assurances par l'Etat, dans la limite du capital maximun de 3,000 fr., ne peuvent leur porter aucun préjudice, et que même elles leur feraient probablement un grand bien en vulgarisant leurs opérations (1). »

A ces considérations, l'Exposé des motifs et le Rapport présentés au Corps législatif, au nom de la Commission chargée d'examiner le projet de loi, ajoutaient l'exemple tiré de l'Angleterre et de l'Amérique, où les traditions, les doctrines et les mœurs également antipathiques à toute intervention de l'Etat dans les intérêts privés, s'étaient inclinées devant la nécessité au moins momentanée de cette intervention dans l'organisation des Asurances populaires.

(1) Exposé des motifs, p. 8.

14. Comment ce principe a-t-il été accueilli par le Corps législatif ? Nous pourrions nous borner à constater que le projet de loi a obtenu l'honneur exceptionnel d'une adoption par un vote unanime.

Mais en présence des objections que devait soulever, et qu'a soulevées l'intervention de l'Etat, il importe de voir par quelles considérations et dans quel esprit nos législateurs ont été conduits, d'un commun accord, à en admettre la réalisation.

15. Deux institutions distinctes ont été consacrées par la nouvelle loi.

La première est une Caisse d'Assurances en cas de décès, créée sous la garantie de l'Etat, dans le but de permettre aux assurés de constituer, par des versements peu élevés, au profit de leurs héritiers, un petit capital susceptible d'atteindre 3,000 francs.

« Cette intervention de l'Etat, est-elle bonne ? a dit un honorable député, M. Maurice Richard, résumant la pensée d'un grand nombre de ses collègues. — « En principe, j'estime qu'il vaut mieux que l'Etat n'intervienne pas dans les affaires privées, même dans les affaires qui ont un caractère collectif, toutes les fois que ce qu'il veut faire peut être fait par l'industrie privée, mieux ou aussi bien.

« Mais, dans la situation actuelle, que font les Compagnies? assurent-elles les petites sommes?—Non, c'est incontesté. Par conséquent, la justification est faite de l'intervention de l'Etat, et nous devons l'accepter.

« Cependant, c'est à la condition que le gouvernement déclarera qu'on ne crée pas au profit de l'Etat un monopole, que les Compagnies existantes pourront lui faire concurrence pour les petites assurances, et que, si de nouvelles Compagnies veulent se fonder, l'Etat qui s'est réservé par la loi sur les Sociétés le droit de les autoriser ou non, les autorisera avec des tarifs inférieurs aux siens. » (1).

Des considérations analogues ont été résumées par un autre député, M. Louvet, en ces termes : « Du moment où l'expérience a prouvé que les Compagnies privées et libres ne peuvent pas, ou ne veulent pas faire les petites Assurances en cas de décès, il convient que l'Etat, après cette expérience accomplie, se substitue à l'industrie privée pour faire ce que cette industrie est impuissante à réaliser » (2).

16. Comme on le voit, ce n'est qu'en l'absence de l'initiative privée que l'intervention de l'Etat a paru devoir être admise ; et c'est dans ce sens que M. le ministre, répondant aux deux orateurs que nous venons de nommer, a déclaré qu'il ne s'agissait de placer entre les mains de l'Etat qu'une Caisse spéciale, restreinte, « ne s'occupant que d'Assurances procurant peu de bénéfices, délaissées par les Compagnies, et que l'Etat n'est amené à prendre sous sa direction et sous sa garantie que parce qu'elles donnent satisfaction à de nombreux et respectables intérêts : les intérêts des travailleurs, les intérêts de tous ceux qui ne peuvent apporter que successivement leurs petites épargnes, et qui, cependant, sentent le besoin, eux aussi, de jouir de l'assurance. »

......« Aussi — a ajouté M. le ministre — dans les en-

(1) Séance du 28 mai 1868, *Moniteur universel* du 29, page 739, colonne....

(2) *Moniteur* du 29 mai, p. 740, 4e colonne.

quêtes préparatoires au projet de loi on a entendu les diverses Sociétés d'Assurances; plusieurs d'entre elles, les plus anciennes, les plus autorisées, sont venues déclarer que, bien loin que le projet fit obstacle à leurs opérations, il leur était plutôt utile, en ce qu'il vulgarisait les Assurances et en faisait mieux apprécier les avantages à toutes les classes de la société.

« Ainsi le projet de loi, *loin de constituer pour les Compagnies une concurrence nuisible*, *est au contraire un stimulant* pour les Assurances, et le développement d'une idée féconde et utile. »

Cette déclaration a clos la discussion générale engagée sur la Caisse d'Assurances en cas de décès.

17. A la vérité, une objection sérieuse s'est fait jour lors de la discussion élevée sur l'article 7, relatif aux Assurances collectives des Sociétés de secours mutuels.

M. le député de Lanjuinais a exposé qu'une association particulière « la *Prévoyante Ouvrière* » s'était occupée, bien antérieurement au projet de loi, d'organiser l'Assurance collective sur une vaste échelle, en la rendant accessible aux plus modestes épargnes. Il a rappelé que les promoteurs de cette entreprise s'étaient plaints vivement que les rédacteurs de la loi, et spécialement les auteurs de l'article 7, se fussent approprié leur idée (1); il a fait connaître que les intéressés avaient saisi les tribunaux de cette question de priorité ainsi que d'une action en dommages-intérêts.

(1) Nous avons sous les yeux une protestation signée par le président du comité d'organisation de la *Prévoyante Ouvrière*, et publié par le *Progrès* de Lyon, le 22 avril 1868.

La conclusion naturelle de l'honorable député, bien qu'il ne l'ait pas formulée, semblait être que, par sa priorité, par son caractère d'initiative privée, et son analogie avec le projet de loi, le plan que présentait la *Prévoyante Ouvrière* devait l'emporter sur celui-ci.

18. Mais à cette réclamation plutôt indiquée qu'exprimée et qui n'était d'ailleurs appuyée par aucun autre député, M. de Beauverger, rapporteur de la Commission chargée d'examiner le projet de loi, a répondu que l'entreprise proposée se présentant seulement sous la forme de statuts simplement rédigés, et accompagnée de demandes de protection et d'indemnités, ne pouvait entraver un seul instant l'action législative et empêcher qu'une loi mît en application immédiate le principe très-anciennement connu de l'Assurance collective.

L'incident a donc été clos, surtout alors que M. de Lanjuinais a reconnu que les Tribunaux étant saisis d'une question de priorité et de propriété, il n'y avait pas à s'occuper davantage de l'entreprise tentée par la Société la *Prévoyante Ouvrière*.

19. En l'absence de toute objection nouvelle, il est demeuré avéré aux yeux du Corps législatif, qu'aucune institution d'assurances ne se montrait plus favorable aux petites épargnes que celle résultant du projet de loi.

Ainsi s'explique l'unanimité avec laquelle a été votée la création de la Caisse d'Assurance en cas de décès, administrée et garantie par l'Etat.

Mais, ainsi que nous l'avons constaté, le champ reste

ouvert à l'iniative privée, mise en demeure, dès aujourd'hui, et libre de rechercher et d'indiquer une solution meilleure. « Il n'y a rien d'absolu dans le monde, — a dit « M. de Beauverger, — surtout il n'y a pas une manière « absolue de faire le bien. Le bien se fait par transac- « tion, et suivant les circonstances » (1).

19. La seconde partie du projet de loi, relative à la création d'une Caisse d'Assurance en cas d'accidents, a été adoptée avec la même unanimité.

Les objections ne lui ont cependant pas manqué ; elles se fondaient sur deux ordres de considérations : 1° les abus et les dangers auxquels donnerait lieu la subvention annuelle dont l'Etat s'engageait à doter cette institution ; 2° les promesses faites par une Compagnie particulière, la *Sécurité générale*, de remplir plus complètement et plus économiquement l'objet même que se proposait le projet de loi.

20. La subvention fournie à la Caisse des Assurances en cas de décès (fixée pour la première année à un million), et destinée à doubler, en cas d'incapacité absolue de travail, les pensions des assurés, a été plus particulièrement critiquée par MM. Maurice Richard et Louvet.

« Pourquoi, — a dit M. Louvet, — subventionner, dans une mesure aussi considérable, cette nouvelle Caisse, pourquoi lui accorder un privilége aussi exorbitant ? Qui paiera cette subvention annuelle ? l'en-

(1) *Moniteur universel*, du 27 mai 1868, p. 710, 2me colonne.

semble de la nation, c'est-à-dire ceux qui s'assurent et ceux qui ne s'assurent pas ; mais alors la majeure partie de la subvention sera supportée par ceux-là même qui ne s'assurent pas. A une autre époque, dans une enceinte contiguë à celle-ci, on est venu nous proposer la création des invalides civils. Les auteurs de cette proposition demandaient que l'Etat prît à sa charge, non pas seulement 50 pour 100 des risques relatifs aux blessures et aux mutilations des ouvriers, mais l'ensemble de ces risques, assimilant ainsi l'ouvrier privé au soldat de l'armée. Je n'ai pas besoin de dire quel accueil fut fait par l'Assemblée nationale à cette proposition. La désapprobation fut à peu près unanime. Laissez-moi vous dire qu'avec votre subvention de 50 pour 100, vous êtes sur le chemin qui conduit à la mesure repoussée par l'Assemblée constituante » (1).

M. Maurice Richard, de son côté, a exprimé la crainte que si l'Etat établit des Assurances contre les accidents, pour une catégorie d'ouvriers, les autres n'en sollicitent d'une nature différente, « ainsi, dit-il, la plus grande partie des ouvriers, les ouvriers agricoles, au nombre de près de 20 millions, viendront nous demander des Assurances agricoles contre la grêle, contre les épizooties... Ils en ont, il est vrai, mais les Compagnies ne procèdent pas toujours d'une manière très-régulière ; en tout cas, elles n'ont pas de subvention, et il ne serait pas impossible, en suivant cette pente, qu'on arrivât, par suite d'une certaine logique, à avoir mis dans la main de l'Etat les Assurances qui donnent les moins bons bénéfices; qui donnent lieu à des per-

(3) *Moniteur universel*, 29 mai 1860, p. 740, 3e col.

tes ; il serait possible qu'on arrivât à nous demander l'autorisation de mettre encore entre ses mains, comme compensation, la totalité des Assurances productives, telles que celles contre l'incendie (1). »

21. Mais les reproches ainsi formulés contre la subvention fournie par l'Etat, ont été relevés assez vivement par M. Emile Ollivier :

« Dans notre temps, a-t-il dit, on disserte beaucoup pour savoir selon quelle mesure il faut admettre et selon quelle mesure il faut rejeter l'intervention de l'Etat dans le domaine des actes privés ou dans celui des actes collectifs. Les esprits les plus puissants se sont exercés sur ces matières, et ils ont proposé des solutions très-diverses. J'incline à penser qu'il est très-difficile de trouver à cet égard une formule qui ne soit pas, à chaque instant, brisée par les faits qu'il s'agit d'y introduire.

« Tout en pareille matière est ondoyant, transitoire,

(1) *Moniteur universel* du 29 mai.

M. Maurice Richard a fait suivre ses objections d'une proposition sur laquelle le Corps législatif n'a pas eu à se prononcer, mais que nous devons mentionner.

Il voudrait « la création de Caisses départementales, ayant une administration et un capital propre à chaque Caisse ; elle consisterait à relier ensemble toutes les Caisses départementales par voie de traités de réassurance avec une Caisse centrale placée sous la surveillance et le contrôle de l'Etat. En sorte que, si un excédant de sommes à payer, par suite d'accidents, venait à se produire pour l'une des Caisses départementales, cet excédant puisse être payé par les sommes que produiraient les contrats de réassurance.

« Il y aurait lieu d'établir des primes proportionnées, non pas à l'âge, mais à la gravité des risques et au montant des primes d'assurance.

« C'est là un système qui parvient au but sans demander de subvention à l'Etat. »

variable..... Il est chimérique de viser à une règle fixe et constante; on ne peut décider que pour l'heure et la circonstance.

« Cette intervention de l'Etat, qui était légitime il y a quelques années, ne l'est plus aujourd'hui; telle qui est encore acceptable aujourd'hui sera oppressive demain.

« Mais à défaut de théorie inflexible, il est possible d'accuser une tendance, de déterminer une direction, et ce que je n'hésite pas à dire, c'est qu'il est désirable que l'intervention directe de l'Etat, même dans ces questions d'intérêt collectif, soit restreinte le plus possible. »

M. Ollivier, aurait donc désiré que l'Etat fût plutôt un auxiliaire qu'un acteur principal, et qu'il se fût contenté d'organiser les petites Assurances, en soutenant par une subvention l'une des Compagnies existantes.

Quant à l'argumentation tirée de ce qu'une subvention supportée par la masse des contribuables, pèsera sur ceux qui n'auraient pas à profiter de l'Assurance, il lui répond victorieusement, par cette considération que le paysan et l'ouvrier paient, eux aussi, leur quote-part de la subvention qui alimente l'Opéra et le théâtre Italien, aussi bien que la dotation qui soutient les lycées et les chaires de l'enseignement supérieur, dont ils ne tirent ni profit ni agrément.

Il conclut donc que puisque l'insuffisance des contributions volontaires du public justifie la subvention qui fait vivre certains théâtres, à plus forte raison se trouve légitimée celle qui permettra d'organiser une institution utile à ceux qui méritent le plus, qui souffrent le plus (1).

(1) *Moniteur* du 29 mai, p. 740, 6e col. Des éclaircissements plus complets sur l'utilité, le caractère et l'emploi de la subvention four-

22. Un second ordre d'objections a été opposé à la Caisse d'Assurance en cas d'accidents :

« Il est inutile — a dit M. Maurice Richard — que l'Etat fasse ce que l'industrie privée fait aujourd'hui et fait mieux, » et partant de ce principe, l'honorable député a signalé comme supérieures aux combinaisons de la Caisse d'Assurance subventionnée, celles de la *Sécurité générale*, Compagnie anonyme d'Assurance contre les accidents, autorisée par décret impérial du 11 novembre 1865.

Toutefois M. Maurice Richard a reconnu que les risques très-chanceux se rattachant aux professions de mécaniciens, chauffeurs, couvreurs, cureurs de puits, égoutiers, mineurs, carriers, etc., ne pourraient être assurés par la Compagnie la *Sécurité générale* qu'en exigeant de l'assuré des primes plus élevées que celles que demandera la Caisse subventionnée par l'Etat.

Mais il a exposé que la *Société générale* abaisserait immédiatement ses tarifs au même niveau, si l'Etat consentait à verser entre ses mains, et pendant quelques années seulement, une subvention de un million, jusqu'au moment où le nombre des assurés, s'élevant à cent mille, diviserait assez les risques pour soustraire la Compagnie à des chances de ruine, et lui permettrait de continuer ses opérations aux mêmes conditions, avec ses seules ressources.

Cette proposition a été appuyée par M. Emile Ollivier, qui y voyait le sérieux avantage de maintenir l'Assurance entre les mains de l'industrie privée, en réduisant le con-

nie à la Caisse d'Assurance en cas de décès, se sont fait jour lors de la discussion des articles 9 et 11. Nous renvoyons les lecteurs au commentaire ci-après de ces articles.

cours de l'État à une intervention indirecte et temporaire (1).

23. Mais cette offre, déjà repoussée par la Commission chargée de l'examen du projet de loi, a été de nouveau combattue par M. le ministre du commerce et des travaux publics.

« Le principe d'une subvention — a-t-il dit — (2), entraîne pour l'État la nécessité de diriger lui-même la Caisse et de l'administrer en même temps qu'il en garantit les opérations. — Comment comprendre une Société particulière, ayant des actionnaires, se proposant des bénéfices, poursuivant un but de spéculation, et qui recevrait une subvention de l'État ? N'y a-t-il pas dans ces idées quelque chose de contradictoire ? n'y aurait-il pas des inconvénients sérieux à donner une subvention, et à garantir les opérations d'une Société qui, par son caractère naturel et essentiel, serait une société de spéculation ? »

24. De là, M. le ministre des travaux publics a été conduit à préciser une fois de plus le caractère, soit de la subvention, soit de l'institution elle-même proposée au Corps législatif :

« Il faut bien déterminer dans quelle limite et dans quelles conditions la subvention de l'État est accordée à la Caisse d'assurance en cas d'accidents. S'agit-il de secours temporaires à donner à un ouvrier blessé ? non, la Caisse n'est pas faite pour ce cas. Il y a, pour y pourvoir,

(1) *Moniteur universel*, séance du 29 mai 1868.
(2) *Moniteur* eod., p. 741, 1re col.

des sociétés de secours mutuels, il y a les combinaisons diverses de la prévoyance (1).

« Quel est donc le cas pour lequel est réservée cette subvention de l'Etat?

« Il faut que l'ouvrier ait subi un accident qui entraîne l'incapacité absolue de travail, ou une incapacité permanente du travail de sa profession.

« ..... Dans ces circonstances, dans ces conditions, à toutes les époques, on a admis, sous des formes diverses, l'intervention de l'Etat. Nous pourrons discuter dans quelle mesure, mais le principe n'a jamais été contesté.

« Les hôpitaux, les hospices réservent des places pour les hommes mutilés dans l'exercice de leurs travaux. C'est un principe qui a été reconnu et pratiqué par l'Etat, par les départements, par les communes; il a été aussi pratiqué avec honneur par l'initiative individuelle, il y a eu des hospices fondés par des hommes généreux dans des cas semblables.

« L'Etat, comme les départements, les communes comme les particuliers, tous ont fait des efforts pour réagir contre ces malheurs individuels, et offrir un asile à ceux qui sont ainsi atteints dans leurs moyens d'existence.

« ..... Nous faisons quelque chose de plus dans le projet de loi, nous donnons à l'ouvrier une subvention déterminée, mais à quelle condition ? A la condition qu'il fasse lui-même un *acte de prévoyance*.

(1) On peut ajouter que c'est précisément pour ce genre de sinistres que semble plus particulièrement devoir fonctionner la Compagnie la *Sécurité générale*; ses opérations, représentant, en effet, dans la proportion de 98 pour cent, le paiement d'indemnités pour des accidents temporaires. Voyez plus loin le commentaire de l'art. 11.

« ..... Nous lui demandons un versement préalable à la Caisse d'Assurance..... — S'il consent à faire un versement, l'Etat intervient et lui dit : voilà la pension qui vous est accordée ; cette pension que vous avez *acquise par votre prévoyance, nous la doublons ;* cet acte qui vous honore, qui décharge, dans une certaine mesure, la société des devoirs moraux qu'elle a toujours accomplis, hé bien! nous le reconnaissons, en doublant la pension qui vous est accordée.

« Voilà ce que nous proposons.

« Est-ce bien, est-ce utile, est-ce moral ? Ce principe nouveau ne répond-il pas à des sentiments qu'il faut encourager ?

« Jusqu'ici, c'est par la charité qu'on a secouru les malheurs individuels.

« ..... La charité, assurément, a droit à tous nos respects, et souvent à toute notre admiration ; mais il y a quelque chose qui mérite d'être placé à côté de la charité dans nos mœurs modernes : *c'est la prévoyance.*

« Eh bien ! ici, l'Etat intervient pour aider l'ouvrier à faire des actes de prévoyance, pour l'amener à intervenir lui-même, à être le premier à préparer pour le cas d'accidents, la rente viagère, dont il aura besoin pour ne pas tomber à la charge de la charité publique. »

25. Nous nous expliquons très-bien que ces considérations, auxquelles personne ne saurait refuser son assentiment aient concilié les esprits, et assuré l'unanimité des suffrages qui a consacré l'adoption de la loi.

C'est pourquoi M. le ministre des travaux publics a pu

dire encore, au milieu des marques d'une approbation générale : « Depuis deux jours le Corps législatif a discuté cette loi en dehors de toute préoccupation politique, et en dehors de toute préoccupation de doctrine philosophique. »

Aussi, M. Jules Simon, exprimant son assentiment aux paroles du ministre et signalant la facilité désormais offerte à l'ouvrier de remplacer l'hospice par la vie de famille (1), grâce à la pension viagère qu'il recevra et pourra partager avec les siens, a terminé par ces mots : « C'est-là le véritable bienfait de votre loi. Acceptons-la comme essai, sauf à l'améliorer plus tard. » (2).

Et M. Jules Favre a pu dire, bien qu'en faisant des restrictions sur certains points de détails :

« Il est un point qui nous rassemble tous, c'est le désir d'arriver à une équitable réparation des malheurs éprouvés par ceux de nos citoyens qui méritent, assurément, le plus haut intérêt, puisqu'ils vivent de leur travail, et que, souvent ce travail les expose à d'inévitables dangers. C'est bien là le but de la loi. (3) »

26. Nous nous trouvons donc en présence d'une loi qui,

(1) Par ce côté l'Assurance en cas d'accidents se rattache aux questions si actuelles de l'assistance publique à domicile, appelée à compléter l'assistance hospitalière.

Nous saisissons cette occasion de rappeler que la Société impériale de Médecine de Lyon, ayant mis cette question au concours, a couronné un mémoire remarquable de M. le docteur Bourland-Lusterbourg, publié récemment sous ce titre : *De l'assistance publique à domicile*, un vol in-8°, Paris, 1868, Guillaumin et Cie, éditeurs.

(2) *Moniteur* du 31 mai 1868, 5me col.

(3) *Moniteur* du 31 mai, p. 751, 1re col.

sans avoir la prétention d'être parfaite, réalise incontestablement des innovations d'un haut intérêt pour tous ceux qui vivent de leur travail.

Il ne nous reste qu'à en étudier les dispositions diverses, avec ce même esprit de modération, de calme et d'impartialité qui en a assuré le succès auprès de nos législateurs, en lui conciliant l'unanimité de leurs suffrages.

Voici le texte de cette loi :

LOI DU 11 JUILLET 1868

Portant création de deux Caisses d'assurance, l'une en cas de décès et l'autre en cas d'accidents résultant des travaux agricoles et industriels.

Art. 1er. — Il est créé, sous la garantie de l'Etat :

1° Une Caisse d'assurances ayant pour objet de payer au décès de chaque assuré à ses héritiers ou ayant-droit une somme déterminée suivant les bases fixées à l'article 2 ci-après ;

2° Une Caisse d'assurance en cas d'accidents ayant pour objet de servir des pensions viagères aux personnes assurées qui, dans l'exécution des travaux agricoles ou industriels, seront atteintes de blessures entraînant une incapacité permanente de travail, et de donner des secours aux veuves et aux enfants mineurs des personnes assurées qui auront péri par suite d'accidents survenus dans l'exécution desdits travaux.

TITRE Ier. — DE LA CAISSE D'ASSURANCE EN CAS DE DÉCÈS.

Art. 2 — La participation à l'assurance est acquise par le versement de primes annuelles.

La somme à payer au décès de l'assuré est fixée conformément à des tarifs tenant compte :

1° De l'intérêt composé à 4 0/0 par an des versements effectués ;

2° Des chances de mortalité, à raison de l'âge des déposants, calculées d'après la table dite de Deparcieux.

Les primes établies d'après les tarifs sus-nommés seront augmentées de 6 0/0.

Art. 3. — Toute assurance faite moins de deux ans avant le décès de l'assuré demeure sans effet. Dans ce cas, les versements effectués sont restitués aux ayant-droit, avec les intérêts simples à 4 0/0.

Il en est de même lorsque le décès de l'assuré, quelle qu'en soit l'époque, résulte de causes exceptionnelles qui seront définies dans les polices d'assurances.

Art. 4. — Les sommes assurées sur une tête ne peuvent excéder 3,000 francs.

Elles sont insaisissables et incessibles jusqu'à concurrence de la moitié, sans toutefois que la partie incessible ou insaisissable puisse descendre au-dessous de 600 francs.

Art. 5. — Nul ne peut s'assurer s'il n'est âgé de seize ans au moins et de soixante au plus.

Art. 6. — A défaut de paiement de la prime annuelle dans l'année qui suivra l'échéance, le contrat est résolu de plein droit. Dans ce cas, les versements effectués, déduction faite de la part afférente aux risques courus, sont ramenés à un versement unique, donnant lieu, au profit de l'assuré, à la liquidation d'un capital au décès. La réduction est calculée d'après les bases du tarif.

Art. 7. Les sociétés de secours mutuels approuvées conformément au décret du 26 mars 1852, sont admises à contracter des assurances collectives, sur une liste indiquant le nom et l'âge de tous les membres qui les composent, pour assurer au décès de chacun d'eux une somme fixe qui, dans aucun cas, ne pourra excéder 1,000 fr.

Ces assurances seront faites pour une année seulement et d'après des tarifs spéciaux déduits des règles générales arrêtées à l'article 2.

Elles pourront se cumuler avec les assurances individuelles.

TITRE II. — De la caisse d'assurance en cas d'accidents

Art. 8. Les assurances, en cas d'accidents, ont lieu par année. L'assuré verse, à son choix et pour chaque année, 8 francs, 5 francs ou 3 francs.

Art. 9. Les ressources de la Caisse, en cas d'accidents, se composent :

1° Du montant des cotisations versées par les assurés comme il est dit ci-dessus ;

2° D'une subvention de l'Etat à inscrire annuellement au budget, et qui, pour la première année, est fixée à un million ;

3° Des dons et legs faits à la Caisse.

Art. 10. Pour le règlement des pensions viagères à concéder, les accidents sont distingués en deux classes :

1° Accidents ayant occasionné une incapacité absolue de travail ;

2° Accidents ayant entraîné une incapacité permanente du travail de la profession.

La pension accordée pour les accidents de la seconde classe n'est que la moitié de la pension afférente aux accidents de la première.

Art. 11. La pension viagère due aux assurés suivant la distinction de l'article précédent, est servie par la caisse des retraites, moyennant la remise qui lui est faite par la caisse des assurances en cas d'accidents, du capital nécessaire à la constitution de ladite pension, d'après les tarifs de la caisse des retraites.

Ce capital se compose pour la pension en cas d'accidents de la première classe :

1° D'une somme égale à trois cent vingts fois le montant de la cotisation versée par l'assuré ;

2° D'une seconde somme égale à la précédente et qui est prélevée sur les ressources indiquées aux § 2 et 3 de l'article 9.

Le montant de la pension, correspondante aux cotisations de 5 francs et de 3 francs, ne peut être inférieure à 200 francs pour la première et 150 francs pour la seconde. La seconde partie du capital ci-dessus est élevée de manière à atteindre ces minima, lorsqu'il y a lieu.

Art. 12. Le secours à allouer, en cas de mort par suite d'accident à la veuve de l'assuré, et, s'il est célibataire ou veuf sans enfants, à son père ou à sa mère sexagénaire, est égal à deux années de la pension à laquelle il aurait eu droit, aux termes de l'article précédent.

L'enfant ou les enfants mineurs reçoivent un secours égal à celui qui est attribué à la veuve.

Les secours se paieront en deux annuités.

Art. 13. Les rentes viagères constituées en vertu de l'article 11 ci-dessus sont incessibles et insaisissables.

Art. 14. Nul ne peut s'assurer s'il n'est âgé de douze ans au moins.

Art. 15. Les administrations publiques, les établissements industriels, les compagnies de chemins de fer, les sociétés de secours mutuels autorisées, peuvent assurer collectivement leurs ouvriers ou leurs membres par listes nominatives, comme il a été dit à l'article 7.

Les administrations municipales peuvent assurer de la même manière les compagnies ou subdivisions de sapeurs-pompiers contre les risques inhérents, soit à leur service spécial, soit aux professions individuelles des ouvriers qui les composent.

Chaque assuré ne peut obtenir qu'une seule pension viagère. Si, dans le cas d'assurances collectives, plusieurs cotisations ont été versées sur la même tête, elles seront réunies, sans que la cotisation ainsi formée pour la liquidation de la pension puisse dépasser le chiffre de 8 francs ou de 5 francs, fixé par la présente loi.

DISPOSITIONS GÉNÉRALES.

Art. 16. — Les tarifs des deux Caisses seront revisés tous les cinq ans, à partir de 1870. Ils seront, s'il y a lieu, modifiés par une loi.

Art. 17. — Les Caisses d'assurances créées par la présente loi sont gérées par la caisse des dépôts et consignations.

Toutes les recettes disponibles provenant soit des versements des assurés, soit des intérêts perçus par les caisses, sont successivement, et dans les huit jours au plus tard, employées en achat de rentes sur l'état. Ces rentes sont inscrites au nom de chacune des Caisses qu'elles concernent.

Une combinaison supérieure, instituée sur les bases de la loi du 12 juin 1861, est chargée de l'examen des questions relatives aux deux Caisses.

Cette commission présente, chaque année, à l'Empereur, un rapport sur la situation morale et matérielle des deux Caisses d'assurance, lequel est communiqué au Sénat et au Corps législatif.

Art. 18. — A dater de la promulgation de la présente loi, le Gouvernement fera préparer de nouvelles tables de mortalité, d'après les données de l'expérience.

Il fera également dresser une statistique annuelle indiquant le nombre, la nature, les causes des accidents qui se produisent dans les différentes professions.

Art. 19. — Un règlement d'administration publique déterminera, d'après les bases posées dans la présente loi, les conditions spéciales des polices et la forme des assurances ; il désignera les agents de l'État par l'intermédiaire desquels les assurances pourront être contractées.

Ces certificats, actes de notoriété et autres pièces exclusivement relatives à l'exécution de la présente loi, seront délivrés gratuitement et dispensés des droits de timbre et d'enregistrement.

Délibéré au Corps législatif, le 30 mai 1868.

Au Sénat, le 7 juillet 1868.

Promulgation par décret du 11 juillet 1868.

Nous allons maintenant aborder le commentaire de chacun des articles de la loi.

ART. 1er. — Il est créé, sous la garantie de l'État :

1° Une Caisse d'assurance ayant pour objet de payer au décès de chaque assuré, à ses héritiers ou ayant-droit, une somme déterminée suivant les bases fixées à l'article 2 ci-après ;

2° Une Caisse d'assurance en cas d'accidents ayant pour objet de servir des pensions viagères aux personnes assurées qui, dans l'exécution de travaux agricoles ou industriels, seront atteintes de blessures entraînant une incapacité permanente de travail, et de donner des secours aux veuves et aux enfants mineurs des personnes assurées qui auront péri par suite d'accidents survenus dans l'exécution desdits travaux.

SOMMAIRE.

27. *Objet général de la loi du 10 juillet 1868.*
28. *Objet du § 1er de l'article 1er : création d'une* Caisse d'Assurance en cas de décès.
29. *Quels motifs ont déterminé la garantie de l'État ?* (Renvoi.)
30. *Cette institution est accessible à toute personne.*
31. *La somme payable au décès ne peut excéder* 3,000 *fr.*
32. *La somme est payable au décès de l'assuré, à ses héritiers ou ayant-droit, parmi lesquels sont compris les enfants naturels.*
33. *Ce qu'il faut entendre par ayant-droit. — Faculté de s'assurer au profit d'un tiers.*
34. *Quels sont les droits du créancier de l'assuré ?*
35. *Renvoi aux articles suivants pour les conditions diverses de l'assurance.*
36. *Objet du § 2e de l'article 1er.* — Caisse d'Assurance en cas d'accidents.
37. *Elle a un double objet : 1° rente viagère à l'assuré ; 2° secours aux veuves et aux enfants.*
38. *Conditions de l'assurance. — Renvoi aux articles 10 et suiv.*
39. *Considérations concernant la garantie et la subvention accordée par l'État à la Caisse* d'Assurance *en cas d'accidents.*
40. *Tous les travaux qui, dans l'industrie ou le commerce, exposent à des accidents, donnent droit de recourir à la Caisse d'assurance.*
41. *Application de ce principe à diverses catégories de travailleurs.*
42. *Suite.*
43. *Droit des enfants naturels aux secours, en cas de décès de l'assuré.*

27. Le travail pouvant être l'objet d'un contrat d'assurance aussi bien que les capitaux qui, comme lui, concourent à la production, les économistes et les législateurs ont dû examiner contre quelles éventualités il importait le plus d'en réaliser l'assurance.

Les sinistres dont la menace pèse plus particulièrement sur le travail, sont : la mort ou les accidents qui frappent le travailleur.

De là, deux sortes d'assurances : l'une en cas de décès, l'autre en cas d'accidents entraînant une incapacité de travail.

Ce sont deux institutions de ce genre que la loi du 16 juillet 1868 a eu pour but d'organiser sous la garantie de l'Etat.

Son article premier en énonce la création.

28. Il s'occupe, dans un premier paragraphe, de l'institution la plus large, celle qui intéresse tout le monde, à raison du sinistre auquel nul n'échappe : c'est l'assurance en cas de mort.

Il dispose qu'une Caisse est créée dans le but de permettre à toute personne de constituer, au profit de ses héritiers ou ayant-droit, un capital payable à son décès.

29. Cette Caisse est placée sous la garantie de l'Etat. Nous avons vu déjà quelles considérations ont motivé cette disposition contraire aux tendances et aux principes économiques qui préfèrent l'initiative privée à l'action gouvernementale. (Voyez ci-dessus n°s 6, 7 et suiv.)

30. Bien qu'elle ait plus particulièrement en vue les situations modestes, et qu'elle veuille laisser aux Compagnies privées la clientèle des personnes plus aisées, la Caisse d'assurance en cas de décès est accessible à toute personne, sans qu'aucun refus soit opposable à raison de la profession, du sexe, de la santé, ou des dangers personnels que peut courir l'assuré.

31. L'obligation que le législateur s'est imposée d'éviter toute opération qui rentre dans celles des Compagnies ordinaires d'assurances, à dû faire restreindre le capital assuré dans les limites assez étroites d'un maximun de 3,000 fr.

Nous étudierons plus loin cette disposition qui est contenue dans l'article 4.

32. La somme payable au décès de l'assuré est remise à ses héritiers ou ayant-droit.

On s'est demandé si parmi les héritiers de l'assuré on devait comprendre les enfants naturels aussi bien que les enfants légitimes. Le doute n'est plus possible après la réponse affirmative du rapporteur de la loi (1).

33. Quant à l'expression *ayant-droit*, dont la loi s'est servi, elle signifie tous ceux à qui la loi ou la volonté de l'assuré accordent le droit de réclamer le capital payable à son décès.

(1) *Moniteur* du 29 mai, p. 710, 2e colonne.

L'assuré a d'ailleurs toute liberté pour disposer comme il l'entend du bénéfice du contrat. Il n'est astreint à aucune condition particulière dans la manifestation de sa volonté. Ce n'est qu'à défaut de dispositions faites au profit d'un tiers, dans les formes légales ordinaires, que le bénéfice de l'assurance revient à ses héritiers naturels.

34. La loi a dû régler le droit des créanciers de l'assuré sur la somme payable à son décès.

Les dispositions qu'elle édicte à cet égard sont contenues dans l'article 4.

35. Les autres conditions de l'assurance c'est-à-dire les règles relatives au montant des primes à verser, au défaut de paiements, à l'âge des contractants font également l'objet des articles suivants. Nous n'avons pas à nous en occuper maintenant.

36. Le second paragraphe de l'article 1er énonce la création d'une Caisse d'assurance en cas d'accidents.

37. Cette institution a un double objet :

1° Elle constitue une *rente viagère* aux assurés atteints d'une incapacité permanente de travail par suite d'accidents survenus dans l'exécution de travaux agricoles ou industriels ;

2° Elle donne des secours aux veuves et aux enfants mineurs des assurés ayant péri par suite d'accidents survenus dans les mêmes travaux.

38. Les conditions de paiement et la quotité des pen-

sions et des secours sont réglés par les articles 10, 11 et 12; nous n'avons pas à les examiner maintenant.

39. A cette Caisse, on a fait bien plus qu'à la précédente le reproche de placer dans les mains de l'Etat un genre d'assurances que l'on préfèrerait voir s'établir par l'initiative privée.

Ces critiques se sont plus particulièrement formulées à l'occasion des articles 9 et 11, qui comprennent, parmi les ressources de la Caisse d'assurance en cas d'accidents une subvention annuelle de l'Etat.

Nous ne pouvons que renvoyer le lecteur, soit aux développements que comportera l'examen de ces articles, soit aux considérations précédemment présentées sous les nos 14, 15 et suivants.

40. Quelles personnes peuvent profiter de la Caisse d'assurance en cas décès ?

Toutes celles, d'après l'art. 1er, qui sont employées à des travaux industriels et agricoles.

Ces expressions doivent être entendues dans un sens large, et comprendre tous les travaux qui peuvent, dans le commerce comme dans l'industrie, donner lieu à des accidents. C'est ce qui, sur la demande de M. Bethmont, a été formellement expliqué au nom du gouvernement (1).

41. Par application de ce principe, la Caisse d'assurance en cas d'accidents a été déclarée accessible aux com-

(1) *Moniteur* du 30 mai, p. 747, 2me col.

missionnaires, camionneurs, porteurs à la halle, garçons de peine (1).

Il en est de même des ouvriers de la marine marchande, tels que les charpentiers, calfats, voiliers, qui, d'après une loi votée en 1866, ne font plus partie de l'inscription maritime.

Quant aux marins de l'Etat, et à tous ceux de l'industrie particulière, qui sont compris dans l'inscription maritime, ils seront nécessairement exclus de la Caisse d'assurance en cas d'accidents, puisqu'il existe pour eux une « *Caisse des Invalides de la Marine*, » alimentée par un prélèvement de 3 0/0 sur tous les travaux de la marine ; mais ils pourront profiter de la Caisse d'assurance en cas de décès.

L'admission des sapeurs-pompiers, loin de présenter le moindre obstacle a été, au contraire, comme nous le verrons, rendue plus facile par l'art. 45, moyennant l'intervention de l'autorité municipale, sous la direction de laquelle ils sont organisés.

42. En ce qui concerne les domestiques, une distinction est à faire : ceux qui sont attachés à une exploitation agricole ou industrielle ont le droit de participer aux avantages de la Caisse ; mais il n'en est point ainsi pour ceux qui sont attachés exclusivement au service de la personne. Dans ce cas, si, comme les palfreniers ou les cochers de luxe, ils courent quelque danger, ils restent dans les conditions du droit commun ; il y a là pour le maître des obli-

(1) Eod., p. 747, 1re col.

gations particulières. Il ne serait pas juste, en effet, de les faire bénéficier des avantages résultant des versements faits par l'ouvrier agricole ou industriel.

43. Une dernière observation a été faite lors de la discussion de l'article 1er : Les enfants naturels bénéficient-ils au même titre que les enfants légitimes du secours accordé par la Caisse d'assurance en cas d'accidents, aux enfants mineurs de l'assuré ?

La réponse affirmative sera justifiée dans le commentaire de l'article 12.

TITRE PREMIER.

De la Caisse d'assurance en cas de décès.

Art. 2. — La participation à l'assurance est acquise par le versement de primes uniques ou de primes annuelles.

La somme à payer au décès de l'assuré est fixée conformément à des tarifs tenant compte :

1° De l'intérêt composé à 4 p. 0/0 par an, des versements effectués ;

2° Des chances de mortalité, à raison de l'âge des déposants, calculée d'après la Table dite de Deparcieux.

Les primes établies d'après les tarifs susénoncés seront augmentées de 6 p. 0/0.

SOMMAIRE.

44. *La première partie de cet article répond à deux questions : Qu'a-t-on à verser à la Caisse d'assurance, et de quelle manière ? —Qu'a-t-on à en recevoir ?*

45. *La quotité totale des versements ne peut dépasser ce qui est nécessaire pour produire au décès un capital de* 3,000 fr. (Renvoi à l'article 3.)
46. *Il y a deux* modes de versements :
Versements uniques ou successifs ;
Versements annuels.
47. *Exemples de versements uniques.*
48. *Exemples de versements annuels.*
49. *Avantages du premier mode de versement.*
50. *Avantages du second mode.*
51. *Exemples.*
52. *Nécessité de l'exactitude des versements dans le second mode.*
53. *Conséquence du retard.* (Renvoyé à l'art. 6.)
54. *Les versements peuvent être faits par un tiers, mais avec le consentement de l'assuré.*
55. *La deuxième partie de l'article se réfère aux sommes que l'assuré a à recevoir.*
56. *Le maximum est de* 3,000 *fr.* (Renvoi à l'art. 3.)
57. *Bases du tarif des sommes assurées.*
58. *Aucun tarif n'est plus avantageux aux assurés, sans être néanmoins onéreux pour l'État.*
59. *Examen des éléments du tarif :* 1° *Tables de mortalité de Deparcieux.—Qu'est-ce qu'une table de mortalité ?*
60. *La Table de Deparcieux est plus exacte qu'aucune autre.*
61. *Elle est aussi plus favorable à l'assuré.*
62. 2° *Intérêt composé à* 4 p. 0,0.
63. *Au-delà de cet intérêt il y aurait perte pour l'assureur.*
64. 3° *Surcharge de* 6 p. 0,0, *ajoutée aux primes.*
65. *Ce dernier élément n'intervient dans le calcul que transitoirement et à titre d'essai.*
66. *L'ensemble de ce système l'emporte sur tout autre.—Exemples.*

44. Cet article contient deux dispositions ; il fait connaître : 1° ce que l'on a à *verser* à la Caisse d'assurance, pour profiter des avantages qu'elle offre aux assurés, et comment on peut verser ;

2° Ce que l'on a à *recevoir* d'elle en retour des versements.

45. Les versements sont, quant à leur quotité entièrement laissés à l'appréciation et aux convenances des assurés, pourvu qu'ils n'excèdent pas ce qui serait nécessaire pour produire au décès un capital de 3,000 fr.: cette limite ne devant pas être dépossée comme nous le verrons à l'article3.

46. Quant aux modes de versements il en existe deux : Versement unique, c'est-à-dire d'une somme en une seule fois, ou versements successifs de diverses sommes à plusieurs époques non périodiques.—Et versements périodiques, c'est-à-dire régulièrement répétés chaque année (1).

47. Exemple : je veux assurer à mon décès 100 fr. à mes héritiers. Je peux atteindre ce résultat en faisant un *versement unique*, qui sera de 31 fr. 50 si je suis à l'âge de 30 ans,

De 34 fr. 29 à l'âge de 35 ans.
De 37 fr. 95 à l'âge de 40 ans.
De 42 fr. 68 à l'âge de 45 ans.
De 47 fr. 98 à l'âge de 50 ans.
De 53 fr. 18 à l'âge de 55 ans.
De 58 fr. 80 à l'âge de 60 ans.

(2) Les versements, en Angleterre, s'opèrent de la manière la plus variée, soit par une prime unique, soit par des cotisations annuelles, semestrielles, hebdomadaires ; soit par un versement effectif, soit par des retenues sur les salaires, soit par une balance de compte avec les caisses d'épargne. — « Nous n'avons cru pouvoir admettre — dit M. de Beauverger dans son rapport sur le projet de loi — au moins pour le début de la loi, en dehors de la prime unique, que des versements annuels. »

L'expérience indiquera quelles facilités pourraient être ultérieurement accordées, à l'exemple de ce qui se fait en Angleterre.

48. Ou bien je peux assurer la même somme de 100 fr. à mes héritiers par des versements périodiques qui devront être chaque année :

De 1,77 si je commence à 30 ans.
De 2,01 à partir de 35 ans.
De 2,35 à partir de 40 ans.
De 2,86 à partir de 45 ans.
De 3,55 à partir de 50 ans.
De 4,27 à partir de 55 ans.
De 5,49 à partir de 60 ans.

49. Lequel de ces deux modes est préférable ?

Les avantages de chacun dépendent des circonstances. Si on vient à réaliser un profit inattendu, à toucher une somme inespérée, si on a une épargne réalisée, mais qui se trouve sans emploi, si l'on reçoit un don ou un legs d'un parent, ou d'un ami, le versement à la Caisse permettra d'assurer un capital à ses héritiers, sans que l'on ait d'autre souci que de conserver le livret sur lequel ce versement aura été inscrit, et en regard duquel sera placée la somme à toucher au décès.

Ce versement effectué en une seule fois, pourra d'ailleurs être suivi d'autant d'autres versements que l'assuré en aura les moyens ou l'occasion, et il garantira ainsi, par assurances séparées, plusieurs sommes payables à son décès, sans que pourtant l'ensemble de toutes ces sommes puisse dépasser 3,000 fr.

50. Mais, à certains égards, l'assurance par versement unique, ou par versements successifs, reste bien inférieure

dans ses résultats à celle qui se réalise par des versements périodiques.

En effet, dans la première, le versement représente toute la somme qui, avec les intérêts à 4 pour cent, est nécessaire en une fois, pour produire, à l'époque probable de la mort, le capital assuré.

Dans la seconde, au contraire, le versement unique est divisé, pour la facilité du paiement, en annuités viagères, dont il représente la valeur escomptée; ces annuités offrent l'avantage de procurer le capital assuré, même lorsque la mort, survenant prématurément, n'a permis d'en acquitter qu'un petit nombre.

51. Ainsi, en reprenant l'exemple donné ci-dessus, si pour assurer 100 fr. à mes héritiers, ou légataires, je m'engage, étant âgé de 30 ans, à verser la somme annuelle de 1 fr. 77, et que mon décès arrive la troisième année, il m'aura suffit de 2 versements de 1 fr. 77 chacun pour garantir 100 fr. après ma mort.

Et ainsi, à quelque âge que je contracte, il me pourra suffire d'avoir fait seulement quelques versements minimes pour constituer un capital payable à mon décès; précieuse combinaison pour le travailleur qui craint que ses forces ne s'épuisent et que la vie lui échappe avant qu'il ait eu le temps de réaliser des économies, ou de grossir suffisamment son patrimoine.

52. Toutefois, l'assurance par versements périodiques a aussi ses inconvénients; elle exige de la part de l'assuré, une grande exactitude dans ses paiements; quelques jours

de retard se feraient sentir dans les résultats financiers de la Caisse par la perte de l'intérêt.

L'inexactitude est si préjudiciable à l'assureur en cette matière, qu'on n'a pas hésité, dans la loi anglaise, à prononcer, en ce cas, la résolution du contrat.

53. La loi française a dû admettre le même principe, mais en le tempérant par une latitude qui peut aller jusqu'au délai de deux années accordé à l'assuré en retard, ainsi que nous le verrons en étudiant l'article 6, ci-après.

54. Il est de règle, en matière d'assurances, qu'on ne peut assurer sur la vie d'une tierce personne sans son consentement. Ce principe a été formellement consacré par l'arrêt du Conseil d'Etat qui, en 1819, autorisa la Compagnie d'assurance générale.

On comprend en effet qu'une convention par laquelle une somme devra être payée au décès d'une personne pouvant créer un intérêt à sa mort, la morale la plus vulgaire exige qu'une telle convention ne se réalise pas à son insu et sans son consentement.

Il a, en conséquence, été demandé au Corps législatif, par l'honorable M. Picard, si l'on pourrait, avec le consentement d'une personne, assurer sur sa tête à la Caisse d'assurance le paiement d'une somme lors de son décès.

Une réponse affirmative a tranché la question (1).

Il en résulte qu'un patron, par exemple, pourra aisément assurer lui-même aux enfants de son ouvrier, mais avec le

(1) *Moniteur* du 30 mai 1868, p. 717, 2e colonne.

consentement de celui-ci, une somme payable au décès de laur père, s'il vient à succomber victime d'un accident, dans l'exécution de son travail.

55. Le second paragraphe de l'article 2 fait connaître de quels éléments se compose la somme que la Caisse a à payer au décès de l'assuré.

56. Nous savons déjà qu'elle ne peut dépasser le capital de 3,000 fr. (art. 4 ci-après).

57. Les éléments qui servent de base au calcul de la somme payée au décès de l'assuré sont :

1° L'adoption de la Table de mortalité de Deparcieux ;

2° L'intérêt composé, à 4 pour % par an, des versements effectués ;

3° Une augmentation de 6 % sur les primes établies d'après les tarifs résultant des éléments ci-dessus.

58. L'examen de ces divers éléments de calcul montre qu'aucun tarif ne saurait être plus avantageux à l'assuré que celui qui en résulte, quoique d'ailleurs il soit combiné de manière à ne causer aucune perte à l'assureur.

59. La Table de mortalité adoptée est celle de Deparcieux,

Disons d'abord ce que c'est qu'une Table de mortalité.

Etant donné un certain nombre de personnes, dans les conditions ordinaires et normales de santé, quelle période de temps embrassera la durée de leur existence, et combien en décède-t-il chaque année jusqu'à l'expiration de cette période ?

Les faits seuls peuvent répondre ; et leur constatation

réalisée avec soin permet d'établir le tableau des chances probables de mortalité qui affectent chaque âge de la vie.

Ce travail a été fait par plusieurs observateurs ou statisticiens, parmi lesquels on cite Deparcieux et Duvillard.

Les Tables dressées par l'un et par l'autre servent alternativement aux Compagnies d'assurances pour le calcul des rentes viagères, ou des assurances en cas de décès.

60. Laquelle de ces deux Tables convenait-t-il d'adopter dans la loi qui nous occupe ?

On a objecté que la Table de Deparcieux, dressée en 1746 sur des têtes choisies, c'est à dire sur « de bons bourgeois vivant bien » présentait des chances de mortalité moindres que celles qui atteignent la population de nos jours (1).

Mais il a été constaté, au contraire, que grace aux améliorations générales qui se sont produites dans les conditions de la vie, non-seulement la Table de Deparcieux est devenue applicable à l'état actuel de la population dans son ensemble, mais qu'aucune autre ne se rapproche plus de la réalité des faits (2).

« C'est ce qui a été confirmé, surtout à partir de l'âge de trente ans, par l'expérience anglaise, c'est-à-dire par des observations qui embrassent une durée de soixante

(1) Discours de M. Joliot, *Moniteur* du 30 mai, page 747, 4e colonne.

(2) Exposé des motifs de la loi, par M. Vernier, p. 11 et 12; Rapport de M. de Beauverger, p. 10. Discours de M. de Boureuille, *Moniteur* du 30 mai, p. 748 2me colonne.

ans, et un ensemble de 62,000 assurés, et qui ont été recueillies avec le plus grand soin dans la Table dite des *dix-sept compagnies* (1).

61. La Table de Deparcieux devait donc être adoptée comme la plus exacte, mais elle est encore la plus favorable aux assurés.

Elle indique, en effet, une mortalité moins rapide que la Table de Duvillard ; elle permet donc de demander des versements moins élevés que celle-ci, et elle garantit de la sorte aux assurés tout le bénéfice qu'ils peuvent tirer de l'assurance sans constituer l'assureur en perte (2).

62. Le second élément du calcul est l'intérêt composé à 4 pour cent que la Caisse ajoute annuellement aux fonds qui lui sont versés, à raison de la jouissance qu'elle a de ces fonds jusqu'au décès de l'assuré.

63. Il était difficile d'allouer à l'assuré un intérêt plus

(1) Exposé des motifs, p. 22.

(2) Cela se comprend : avec une mortalité plus rapide, et dès-lors une moyenne de vie plus courte, l'assureur calcule qu'il sera obligé de payer plus promptement le capital exigible au décès de l'assuré, d'où, pour ne pas perdre, il stipule à l'avance le payement d'un capital moindre, ou bien il exige des primes plus fortes pour un capital déterminé.

Au contraire, quand il s'agit de servir des rentes viagères, l'assureur a intérêt à les calculer d'après la plus longue longévité, afin de se couvrir de la durée probable de la rente par l'exigence d'un capital plus fort pour sa constitution.

C'est ce qui explique pourquoi les Compagnies d'assurance prennent, tantôt la Table de Deparcieux, tantôt celle de Duvillard, suivant qu'elles ont à constituer des rentes viagères, ou des assurances en cas de décès.

élevé, car il ne faut pas que cet intérêt dépasse ou atteigne tout à fait celui que l'assureur peut trouver lui-même dans l'emploi des sommes qu'il reçoit.

S'il en était autrement il n'aurait ni bénéfice, ni même remboursement de ses frais d'administration.

Ici la Caisse ne cherche pas à se créer des bénéfices, mais seulement à éviter des pertes.

Or le taux de 4 pour cent lui permettra juste de ne pas éprouver des pertes analogues à celles qu'a subies la Caisse des retraites par l'allocation d'un intérêt supérieur (1).

64. Toutefois, il entre encore dans les tarifs de la Caisse d'assurance fondée par la loi de 1868, un autre élément indispensable et qui pourtant vient abaisser un peu le taux de 4 %, alloué à l'assuré, c'est l'augmentation de 6 % dont les primes se trouvent surélevées, ainsi que le mentionne le dernier alinéa de l'art. 2.

En quoi consiste cette augmentation? — Quelle est sa raison d'être? — Est-elle en usage en matière d'assurance?

Nous allons répondre à ces questions.

65. L'Etat ne doit retirer aucun bénéfice de la Caisse d'assurance; il lui suffit de couvrir ses frais et ses chances de perte.

(1) Rapport de M. de Beauverger, p. 11.—Voyez aussi mon ouvrage sur les *Associations Ouvrières*, un vol. in-8°, Paris, Guillaumin, 1864, page 185.

Il est à remarquer que le gouvernement anglais ne donne à ses assurés qu'un intérêt de 3 %, et, qu'en outre, il augmente ses primes de 10 %.

Mais y parviendra-t-il avec des tarifs basés sur la Table de Deparcieux et l'intérêt à 4 % dont il bonifie les assurés?

Des hommes compétents en ont douté, et s'appuyant sur l'expérience des Compagnies d'assurances, et sur ce qui se fait en Angleterre, ils ont pensé qu'il était opportun, pour conjurer les mauvaises chances du premier fonctionnement de la Caisse, d'exiger, au moins pendant quelques années et à titre d'essai, un supplément de 6 % du montant des primes payées par les assurés.

C'est donc une augmentation transitoire qui pourra être supprimée lors de la première révision des tarifs, et qui, d'ailleurs, est bien inférieure à l'augmentation ou surcharge de 10 % perçue par le gouvernement anglais sur chaque prime annuelle.

66. De ces éléments divers, il résulte, en fin de compte, un tarif aussi favorable que possible à l'assuré, et dans lequel on s'est étudié à garantir à l'Etat seulement l'absence de pertes,

D'où l'on peut aisément conclure qu'il n'existe aucun système d'assurance en France ou à l'étranger plus avantageux pour les assurés.

Et, en effet, d'un tableau comparatif entre les divers tarifs, il résulte que pour garantir, au décès d'un assuré actuellement âgé de 30 ans, une somme de 100 fr., il faudra un *versement unique* de :

38,37 suivant les tarifs des compagnies.
43,18 suivant les tarifs du gouvernement anglais,
33,39 suivant les tarifs du gouvernement français (avec l'augmentation transitoire de 6 %).

31,50 seulement, d'après les mêmes tarifs affranchis de la surcharge de 6 % (1).

Et si un assuré, âgé de 30 ans, veut garantir, lors de son décès, au moyen d'une *prime annuelle*, le paiement de la même somme de 100 fr., il aura à payer chaque année :

2,40 suivant le tarif des compagnies.

2,33 suivant le tarif du gouvernement anglais,

1,87 suivant le tarif du gouvernement français, augmenté de la surcharge transitoire de 6 %.

1,77 seulement, d'après le même tarif, affranchi de cette surcharge.

Il serait superflu de multiplier ces exemples. — Il est évident qu'aucune assurance n'est plus accessible aux petites économies et ne leur offre un tarif plus rémunérateur.

Ce résultat indiscutable justifie l'institution de l'assurance par l'Etat jusqu'au moment où l'initiative privée établira qu'elle peut faire mieux encore et avec autant de sécurité.

ART. 3.—Toute assurance faite moins de deux ans avant le décès de l'assuré demeure sans effet. Dans ce cas, les versements effectués sont restitués aux ayant-droit, avec les intérêts simples à 4 p. 0/0.

Il en est de même lorsque le décès de l'assuré, quelle qu'en soit l'époque, résulte de causes exceptionnelles, qui seront définies dans les polices d'assurances.

(1) Nous tirons cet exemple et le suivant du tableau n° 2 des tarifs annexés à l'exposé des motifs de la loi, p. 32, et du tableau n° 1 annexé au rapport de M. de Beauverger.

SOMMAIRE.

67 *Deux hypothèses suspendent les effets du contrat d'assurance.*
68 1° Le décès survenu avant deux années.—*Analogie entre cette règle et le stage imposé par les Sociétés de secours mutuels.*
69 *Ses motifs.*
70 *Restitution des primes aux héritiers.*
71 *Autre système proposé : la visite médicale imposée aux assurés.*
72 *Ses inconvénients.*
73 *L'exemple de l'Angleterre l'a fait rejeter.*
74 2° Risques exceptionnels *prévus dans la police, et qui annulent l'Assurance.*
75 *Expérience des Compagnies.*

67. Cet article dispose que dans deux hypothèses l'assurance contractée demeurera sans effet :

1° Si le décès survient dans les deux ans qui suivent le contrat ;

2° Si les cas exceptionnels prévus par la police d'assurance se réalisent.

68. La première de ces dispositions repose sur des considérations analogues à celles qui, en matière de société de secours mutuels, font généralement imposer un stage aux nouveaux sociétaires.

En effet, dans ces Sociétés, on prévoit très-sagement le cas où une personne se sentant malade réclamerait son admission pour profiter immédiatement et à coup sûr des avantages promis par les statuts.

Afin de déjouer cette combinaison, les Sociétés suspendent tout droit aux secours pendant un intervalle de six mois ou un an.

De même, en matière d'assurance sur la vie, on a dû prévenir la spéculation frauduleuse qui porterait quelqu'un à assurer sur sa tête ou sur la tête d'autrui une somme, dans la prévision à peu près certaine d'une mort prochaine.

69. On comprend aisément que si les probabilités de mort, telles qu'elles sont données par la Table qui sert de bases aux calculs, étaient changées, si les assurés, au lieu d'être doués de la durée probable d'existence que leur suppose le contrat, pouvaient s'assurer en vue de l'issue fatale dont les menacerait une affection physique ou morale, la Caisse qui consentirait à traiter avec eux serait exposée aux plus sérieux périls.

Il n'est pas une Compagnie qui ne refuse d'assurer une personne dès qu'elle se trouve hors des conditions de la mortalité générale.

Un intervalle de deux ans a paru suffisant pour écarter les combinaisons déloyales, et ne faire admettre définitivement que les assurés qui participent aux chances communes de vie et de mort.

70. Si donc, le décès arrive avant les deux ans, rien n'est fait : le contrat n'existe pas, les primes versées par l'assuré sont restituées à sa famille avec les intérêts à 4 %.

Les héritiers ne peuvent se plaindre : la Caisse a fonctionné comme une caisse d'épargne.

71. On avait proposé une autre système : c'était de soumettre les assurés à une visite médicale qui, en déterminant leur état véritable de santé, les eût fait dès le principe admettre ou rejeter.

72. Sans entrer dans l'examen de la discussion très longue et très-animée à laquelle cette proposition a donné lieu, nous nous bornerons à constater qu'on a préféré la règle uniforme qui suspend pendant deux ans les effets du contrat. Les événements seuls, dans ce cas, montrent dans quelles conditions probables de santé se trouve l'assuré, et on évite ainsi les investigations médicales, dont l'organisation eût été difficile, coûteuse, toujours pénible pour l'assuré et souvent inefficace.

73. Les inconvénients divers du contrôle médicale en usage en Angleterre, et la répugnance des assurés à s'y soumettre, ont motivé la disposition de notre article.

74. Mais le laps de temps de deux ans n'empêche pas qu'on ne prévoie dans la police d'assurance les cas de fraude ou les causes diverses qui seraient susceptibles de dénaturer les bases du contrat, et qui doivent dès-lors, de plein droit, en suspendre les effets.

Tel serait, par exemple, le cas de décès résultant de suicide, de duel (1), ou de circonstances dans lesquelles la vie de l'assuré se trouverait particulièrement exposée.

75. Les Compagnies ont, à cet égard, une expérience qui devra être mise à profit, et servira à déterminer les risques exceptionnels susceptibles d'annuler le contrat.

(1) Décret du 10 août 1868, relatif aux conditions spéciales des polices. — V. le *Moniteur* du 4 novembre suivant.

Art. 4. Les sommes assurées sur une tête ne peuvent excéder 3,000 francs.

Elles sont insaisissables et incessibles jusqu'à concurrence de la moitié, sans toutefois que la partie incessible ou insaisissable puisse descendre au dessous de 600 francs.

SOMMAIRE.

76 *L'art. 4 contient trois dispositions : 1° on ne peut s'assurer pour une somme supérieure à 3,000 francs.*
77 *Critiques dont cette limitation a été l'objet.*
78 *Même restreinte à ce chiffre, l'Assurance peut rendre d'importants services.*
79 *Les Compagnies sont mises en demeure de se prêter aux Assurances immédiatement supérieures à 3,000 francs.*
80 *Autre question tranchée par l'article 4.*
81 *Droits des créanciers sur le capital assuré.*
82 *Motifs pour limiter leurs droits.*
83 *2° Le capital assuré est insaisissable pour moitié, mais pas au-dessous de 600 francs.*
84 *Il en est ainsi pour les créanciers du bénéficiaire de l'assurance, comme pour ceux de l'assuré.*
85 *C'est un privilége exceptionnel créé en faveur de l'assuré et de sa famille.*
86 *3° Le capital assuré est incessible dans les mêmes limites.*
87 *Cette disposition est encore inspirée par l'intérêt de la famille de l'assuré.*
88 *La cessibilité partielle du capital assuré peut encore être un moyen efficace de crédit.—Exemple.*

76. Dans quelles limites sera-t-il permis de contracter avec la Caisse d'assurance?

Il est hors de doute que les versements les plus minimes

seront toujours reçus (1) mais l'art. 4 interdit de s'assurer pour un capital supérieur à 3,000 fr.

77. Cette limitation a été vivement critiquée par M. Joliot qui proposait d'élever le maximum à 6,000 fr.

« A quelles nécessités, a-t-il dit, à quels intérêts le gouvernement a-t-il voulu répondre par la création des Caisses d'assurance ?

« Il a compris qu'il existait une lacune dans l'ensemble des institutions de prévoyance :

« Un père élève ses enfants. Son salaire suffit à tous leurs besoins et il peut espérer d'assurer leur avenir par son travail. Mais cet avenir repose uniquement sur sa tête. S'il disparaissait avant l'âge, ses enfants tomberaient dans la misère. Cette pensée est pour lui pleine d'angoisses. Il a beau être prévoyant, économe, il ne peut se constituer une fortune suffisante pour mettre sa famille à l'abri de la misère. Le seul moyen de conjurer l'éventualité qui l'effraie, c'est le contrat d'assurances qui lui permet, au moyen de versements réguliers, de garantir un capital à sa veuve et à ses enfants. Tel est le but que nous poursuivons.

« Eh bien ! quel doit être le maximum de l'assurance que l'Etat garantit ? La loi a voulu assurer à la famille du décédé le strict nécessaire, Le projet l'estime à 3,000 fr.

(1) Déclaration de M. de Beauverger, rapporteur de la loi ; *Moniteur* du 30 mars, p. 749, 6me colonne :

« Les caissses d'épargne postales, en Angleterre, admettent bien des versements d'un sou, et c'est ce qui fait l'utilité et la prospérité de l'institution. »

Mais la caisse anglaise n'admet pas l'assurance pour un capital dépassant 2,500 fr.

Est-ce suffisant? Peut-être, lorsque l'ouvrier meurt en ne laissant que la veuve, mais lorsqu'il laisse une veuve et plusieurs enfants? Nous devons admettre que l'assuré n'est pas seulement un journalier, qu'il appartiendra à la classe des petits fonctionnaires, des employés. Eh bien! dans ce cas, le capital de 3,000 fr. paraît-il suffisant? Non, assurément. L'amendement propose d'en élever le maximum à 6,000 fr.

« On peut faire deux objections. On peut voir d'abord dans l'élévation du maximum un accroissement de charges pour l'Etat. C'est là une objection purement financière, à laquelle on a pris soin de répondre en expliquant que les tarifs, augmentés de 6 % et sujets à une révision, ne faisaient courir aucun risque à la caisse.

« La seconde objection est plus sérieuse : L'élévation du maximum peut-être considérée comme un moyen de concurrence contre les Compagnies d'assurances. Mais lorsqu'un progrès véritable est à réaliser, le gouvernement est-il tenu de ne pas le réaliser parce que ce progrès froisse quelques intérêts privés? Jusqu'à présent il ne l'a jamais fait. Il n'a jamais reculé devant une satisfaction à donner à un grand intérêt général.

« Pour n'en fournir qu'une preuve, a-t-il reculé lors de la dernière création des caisses d'épargne, devant la crainte de faire concurrence aux banquiers. Lorsqu'il a créé la Caisse des retraites pour la vieillesse, il se substituait à des compagnies qui constituaient des rentes viagères. Néanmoins a-t-il été arrêté? Non. Pourquoi donc voudrait-on user aujourd'hui de plus de ménagements?

« Au surplus, on ne créerait pas en fait une grande concurrence aux Compagnies d'assurances, et le mal qui pourrait résulter pour elles de la loi, serait compensé largement par les bienfaits qu'elles en retireraient.

« Leurs opérations ont lieu sur des chiffres élevés. M. Cochin dit, dans une brochure, qu'elles ne font pas de contrat au-dessous de 10,000 fr. Je suis convaincu qu'il y en a au moins fort peu dans la limite de 6,000 fr. Aussi les sociétés existantes ne s'inquiètent-elles pas. Elles ont reconnu que la nouvelle loi leur était favorable, en aidant à la vulgarisation de l'assurance, en leur préparant pour l'avenir une clientèle nombreuse.

« Je ne comprendrais donc pas que la chambre refusât d'élever le maximum, alors surtout que la Caisse des retraites pour la vieillesse assure des pensions qui peuvent s'élever jusqu'à 1,500 fr.

78. Malgré ces observations l'amendement proposé n'a pas prévalu et le chiffre de 3,000 fr. a été maintenu comme la limite la plus élevée de l'assurance.

Il faut reconnaitre, à la vérité que, dans la majorité des cas, elle ne sera pas atteinte, et que le résultat de l'institution serait déjà fort satisfaisant si tous les travailleurs recouraient à la caisse d'assurance pour laisser au moins 3,000 fr. à leur famille.

79. Toutefois, ceux qui pénétrés de l'efficacité du principe de l'assurance voudraient garantir à leur décès le paiement d'une somme supérieure, pourront contracter avec les Compagnies, qui ne repousseront pas leur demande si elles ne veulent justifier les appréhensions de M. Joliot, et donner un démenti aux espérances exprimées par les organes du gouvernement.

80. Le second paragraphe de l'article 4 répond à la question suivante, dont l'importance est capitale :

Dans quelle mesure le capital garanti par l'assurance pourra-t-il être saisi ou cédé?

81. En principe, les biens d'un débiteur repondent de ses engagements ; ils sont toujours susceptibles d'être saisis par ses créanciers.

Mais les Cours et les Tribunaux ont souvent jugé que le capital provenant d'une assurance est en quelque sorte créé en dehors du patrimoine de l'assuré, et échappe à l'action de ses créanciers (1).

82. Si cette doctrine se trouve justifiée par les circonstances n'est-ce pas surtout lorsqu'il s'agit d'une assurance minime, constituée soit par le versement d'une prime unique, dont le dépôt peut être antérieur à la dette, soit par des primes successives, soustraites moins aux créanciers qu'aux besoins et aux tentations de chaque jour?

83. Cependant, afin de tenir la balance égale entre tous les intérêts, l'article 4 a décidé que la moitié seulement du capital assuré serait insaisissable, excepté si cette moitié est

(1) C'est ce qui a été jugé notamment par la Cour de Lyon, arrêt du 2 juin 1863, rendu sous la présidence de M. Gilardin, premier président, confirmatif d'un jugement du tribunal civil, sur les conclusions conformes de M. Onofrio, avocat-général. — Recueil des arrêts de cette Cour, t. 44, p. 201. — V. dans le même sens arrêts des Cours de Colmar, 22 février 1865, et Paris, 5 avril 1867.

Un travail remarquable de M. Emile Paultre, directeur de la *Revue du Notariat*, a été publié sur cette question dans le *Moniteur judiciaire* de Lyon, du 17 octobre 1867.

inférieure à 600 fr. Dans ce cas, cette dernière somme a paru ne pas devoir être disputée aux créanciers.

Donc, si la somme assurée ne dépasse pas 600 fr., elle peut être saisie en totalité.

Si elle est supérieure à 600 f., mais inférieure à 1,200 f., tout ce qui excède 600 fr. reste insaisissable.

Enfin de 1,200 à 3,000 fr., la moitié du capital est seule exposée à l'action des créanciers,

84. Mais ce qu'il importe de remarquer, c'est que ces dispositions s'appliquent non-seulement aux créanciers de l'assuré, mais même à ceux de ses héritiers.

Ainsi un père de famille contracte avec la Caisse d'assurance pour garantir à ses enfants, lors de son décès, le paiement d'une somme déterminée.

Non seulement ses propres créanciers ne pourront opérer la saisie de cette somme que dans les limites fixées ci-dessus par l'article 4 ; mais il en sera de même des créanciers de ses enfants.

Aucun doute ne saurait s'élever à cet] égard après les paroles de M. de Beauverger, rapporteur de la loi :

85. « La loi, a-t-il dit, est parfaitement maîtresse d'établir les dispositions que bon lui semble.

« La disposition que nous établissons est celle-ci : Insaisissabilité de moitié (avec la réserve de détail contenue dans l'article 4). Et, dans ces conditions, nous allons jusqu'à dire, — ce qui paraît exorbitant à beaucoup de personnes, — que non seulement à l'égard des créanciers de l'assuré, mais encore à l'égard des créanciers du bénéficiaire de l'assurance, il y aura insaisissabilité pour la moitié.

« On ne peut le nier, nous constituons un privilége au profit des ouvriers, en déclarant une portion de l'assurance insaisissable, et en étendant cette insaisissabilité même aux créanciers du bénéficiaire » (1).

86. Après avoir ainsi garanti le capital constitué par la prévoyance de l'assuré, contre les atteintes de ses propres créanciers, et même des créanciers de celui qui, à son décès, devra recueillir ce capital, la loi s'est occupée de le mettre à l'abri des entraînements ou des imprudences de l'assuré lui-même.

A cet effet, elle a encore déclaré, par l'article 4, que ce capital ne pourrait être cédé par l'assuré que dans les limites où il peut être saisi par ses créanciers.

Cette disposition a de nouveau été critiquée avec une grande logique par M. Joliot, qui s'est étonné de la contrainte imposée à la liberté de l'assuré.

87. Mais il lui a été répondu victorieusement, aux yeux de la chambre, par M. le rapporteur de Beauverger :

« On demande comment la Commission a pu consentir à enlever à un homme le droit de disposer du capital qui lui appartient, on n'a pas réfléchi que l'incessibilité et l'insaisissabilité sont deux dispositions tout à fait corrélatives. En accordant l'insaisissabilité dans de certaines limites que vous avez sous les yeux, nous savons que nous accordons un privilége et un grand privilége ; nous savons que nous dérogeons au droit commun. Mais nous le faisons dans un but tout spécial, qui est celui de l'assurance elle-même.

(1) *Moniteur* du samedi 30 mai 1868, page 750, 1re colonne.

Nous voulons provoquer à l'assurance ; *nous voulons qu'on sache que ce capital, entièrement composé de sacrifices et de privations, est définitivement acquis à la famille pour laquelle on s'est privé et non à d'autres.* Eh bien, messieurs, en concédant ce privilége, nous avons pensé qu'il était juste et nécessaire de déclarer la même portion de ce capital incessible » (1).

L'assuré peut donc disposer directement de la même portion qu'il pourrait aliéner indirectement par suite de dettes.

88. Ce qui demeure disponible constituera, dans bien des cas, un élément précieux de crédit.

Par exemple, « Tel ouvrier, jeune et robuste, ne possédant rien que ses bras, a peine à trouver le premier fonds d'un petit établissement destiné sans doute à s'accroître, mais pouvant aussi disparaître avec celui qui l'a créé, sans laisser aucune garantie, aucun moyen de remboursement pour les capitaux empruntés ; mais que sur les bénéfices espérés cet ouvrier de bonne volonté offre à un voisin de lui céder la portion disponible d'une assurance, l'inquiétude disparaîtra, et en ajoutant seulement à l'intérêt de la somme qu'il emprunte, une prime, dont le prêteur aura même avantage à lui faire l'avance, il inspirera assez de confiance pour fonder, dans de bonnes conditions, son avenir et celui des siens » (2).

(1) *Moniteur* du 30 mai 1868, p. 749, 6e colonne.

(2) Rapport de M. de Beauverger, p. 17.

Art. 5.—Nul ne peut s'assurer s'il n'est âgé de seize ans au moins et de soixante ans au plus.

SOMMAIRE.

89 *Cette disposition s'explique d'elle-même.*
90 *En fait, les Compagnies observent la même règle.*
91 *Mais les tarifs de la Caisse d'assurance sont plus avantageux aux sexagénaires.*
92 *Et ceux-ci ont, en général, plus d'avantage à s'assurer moyennant une prime annuelle.*

89. La disposition de l'art. 5, empruntée à la loi anglaise du 14 juillet 1864, s'explique d'elle-même; avant seize ans, le temps utile de l'épargne n'est pas encore venu, et après soixante ans, il est déjà passé.

90. Les Compagnies qui, elles aussi, n'assurent guère au-delà de soixante ans, demandent à cette époque une prime unique de plus de 66 pour cent, et une prime annuelle supérieure à 7 pour cent. Dans de telles conditions, le contrat a évidemment perdu une grande partie de ses avantages.

91. D'après les tarifs annexés à la loi qui nous occupe (fondés, on le sait, sur les calculs de Deparcieux, avec une augmentation de 6 %), on exige du contractant, âgé de soixante ans, pour garantir à son décès le paiement d'une somme de 100 fr., une prime unique de 62 f. 32, ou une prime annuelle de 5 f. 81; ces chiffres sont donc inférieurs à ceux des Compagnies.

92. Notons, en passant, qu'il semble plus avantageux à une personne âgée de 60 ans de s'assurer moyennant une prime annuelle, car dût-elle la payer 10 ans, ces versements réitérés n'atteindraient pas à 70 ans le montant de la prime unique; or, qui peut se flatter de dépasser de beaucoup cet âge?

Art. 6.—A défaut de paiement de la prime annuelle dans l'année qui suivra l'échéance, le contrat est résolu de plein droit.

Dans ce cas, les versements effectués, déduction faite de la part afférente aux risques courus, sont ramenés à un versement unique, donnant lieu, au profit de l'assuré, à la liquidation d'un capital au décès. La déduction est calculée d'après les bases du tarif.

SOMMAIRE.

93 *Interruption des versements annuels de l'assuré.*
94 *Il doit les intérêts du versement en retard.*
95 *Il a pour s'acquitter un délai de un an, après lequel le contrat est résolu.*
96 *Mais il conserve ses droits sur ses anciens versements.*
97 *Comment sont-ils liquidés?*

93. La loi prévoit dans cet article les conséquences qui résulteraient pour l'assuré de l'interruption de ses versements annuels.

94. Les primes annuelles doivent être acquittées chaque

année, à l'époque correspondant à la date du premier versement.

A défaut de paiement dans les trente jours qui suivent, il est dû des intérêts à 4 pour cent, à partir de l'échéance jusqu'à l'expiration d'un an (1).

95. L'assuré a donc toute une année pour s'acquitter ; après ce délai, le contrat est résolu de plein droit en vertu de l'article 6 ci-dessus.

Il n'était pas possible d'accorder une plus grande latitude. Le délai de un an à partir de l'époque où la prime devait être payée aboutit en effet à un laps de temps de deux années depuis le dernier versement effectué.

La résiliation du contrat, après un tel délai, est donc de toute justice. Les Sociétés de secours mutuels agissent en vertu du même principe quand elles prononcent la radiation de ceux de leurs membres qui sont en retard de paiement.

Seulement, les versements opérés par les sociétaires exclus restent acquis aux Sociétés, et de même, en Angleterre, vis-à-vis de la Caisse d'assurance de l'Etat, les primes payées sont perdues pour l'assuré en retard.

96. En France, « une telle stipulation, quoique parfaitement légitime, aurait eu un caractère de rigueur peu en rapport avec l'esprit éminemment philanthropique qui a inspiré le projet de loi » (2) on a voulu que tout argent versé profitât à l'assuré.

(1) Art. 11 du décret du 10 août 1868, relatif aux conditions particulières de l'assurance. — *Moniteur* du 4 novembre 1868.

(2) Rapport de M. de Beauverger, p. 18.

En conséquence, les primes payées par lui sont additionnées et ramenées à un chiffre total qui, considéré comme versement unique, donne lieu à la liquidation d'un capital payable au décès de l'assuré, suivant les tarifs admis pour les versements uniques.

97. Ce calcul se fait en tenant compte d'une certaine déduction relative aux risques courus jusqu'alors; ainsi un assuré a versé, par exemple, une prime annuelle de 5 fr. à partir de 30 ans. — Il cesse ses paiements au bout de 6 ans, il se trouve avoir versé 20 fr. qui, ramenés à un versement unique, après dédution de la part afférente aux risques courus, assure le paiement de 10 fr. 30 à son décès, même survenant peu de temps après (1).

Nous pourrions multiplier les exemples, ils démontreraient que la liquidation qui suit la résiliation du contr[illegible] se fait au mieux des intérêts de l'assuré.

Art. 7.—Les sociétés de secours mutuels approuvées conformément au décret du 26 mars 1852 sont admises à contracter des assurances collectives sur une liste indiquant le nom et l'âge de tous les membres qui les composent, pour assurer au décès de chacun d'eux une somme fixe qui, dans aucun cas, ne pourra excéder 1,000 fr.

Ces assurances seront faites pour une année seulement et d'après des tarifs spéciaux déduits des règles générales arrêtées à l'art. 2.

Elles pourront se cumuler avec les assurances individuelles.

(1) Tableau n. 3, annexé au rapport de M. de Beauverger.

SOMMAIRE.

98 *Objet de l'art. 7 : l'assurance collective.—En quoi elle consiste. —Exemples.*
99 *Résultats de l'assurance collective par les Sociétés de secours mutuels.*
100 *L'assurance individuelle peut être cumulée avec l'assurance collective.*
101 *Obligation pour les Sociétés de comprendre tous leurs membres dans le contrat d'assurance.*
102 *Difficultés résultant de cette obligation : défaut d'intérêt des sociétaires veufs, célibataires, etc.*
103 *Difficultés relatives à la provenance des fonds destinés à l'assurance collective.*
104 *Nécessité de modifier l'art. 7, pour le rendre applicable.*
105 *Comment la liberté des sociétaires peut être combinée et conciliée avec les exigences de l'assurance collective.*

98. Cet article inaugure un principe excellent :

Aux avantages de l'assurance individuelle il ajoute pour les membres des Sociétés de secours mutuels, ceux résultant de l'assurance collective.

Déterminons en quoi ces avantages consistent.

Il a été reconnu, en vertu de règles mathématiques, qu'étant donné un certain nombre de groupes, assurant toutes les personnes qui y sont comprises, la réunion de tous ces groupes fournit un élément de certitude favorable aux calculs de l'assureur, qui lui permet d'abaisser ses tarifs et de faire bénéficier ses assurés de cette réduction.

Un exemple fera saisir cette démonstration :

Je veux assurer à mon décès le payement d'une somme de 100 fr., au moyen d'une prime payée annuellement.

Si j'agis seul, individuellement, je devrai payer, d'après Deparcieux :

A l'âge de	20 ans,	1 fr.	43 c.
—	30	1	77
—	40	2	35
—	50	3	55
—	60	5	59

Moyennant quoi, si je meurs dans l'année qui suit mon paiement, mes héritiers auront droit à la susdite somme de 100 fr.

Si j'appartiens à un groupe de personnes faisant partie d'une assurance collective reposant sur un certain nombre de groupes, on pourra me garantir le paiement de la même somme de 100 fr. à mon décès, en n'exigeant de moi que des primes inférieures, soit :

fr. 0, 983	à l'âge	de	20 ans.
1, 09	—		30
1, 065	—		40
1, 721	—		50
2, 808	—		60

Nous négligeons les âges intermédiaires pour ne pas trop étendre notre exemple (1).

C'est cette faculté de s'assurer collectivement, moyennant des conditions moins onéreuses que celles d'une assurance individuelle, qui, en vertu de l'art. 7 ci-dessus,

(1) Nous empruntons ces indications aux tableaux dressés d'après Deparcieux, et publiés sous les nos 1 et 4, à la suite du rapport de M. de Beauverger sur le projet de loi.

Nous devons faire remarquer que dans ces tableaux (nos 1 et 4) on n'a pas tenu compte de la majoration à 6 % qui, d'après l'art. 2 de la loi, élèvera transitoirement les tarifs.

est attribuée aux membres des Sociétés de secours mutuels approuvées.

99. Cette disposition nouvelle, dont l'avantage est manifeste, a été, bien avant l'adoption de la loi, appréciée et précisée dans ses résultats par la Commission supérieure d'encouragement des Sociétés de secours mutuels, en ces termes :

« Le moyen le plus sûr et le plus pratique de propager les Sociétés de secours mutuels, tout en en respectant l'organisation, c'est d'ajouter aux services qu'elles peuvent rendre et de les mettre à même de répondre non-seulement aux besoins de leurs membres, mais à leurs aspirations les plus nobles et à leurs plus généreuses sollicitudes.

« Le projet de loi présenté par le Gouvernement sur les Caisses d'assurance, en cas de décès et en cas d'accidents, contient un article spécial qui admet les Sociétés de secours mutuels approuvées, à contracter des assurances *collectives* et *annuelles*, afin de garantir à la famille et aux ayant-droit du décédé le paiement d'une somme fixe qui pourra s'élever à 1,000 fr.

« Ainsi, à l'aide d'une modique épargne, l'ouvrier peut ménager pour l'avenir une précieuse ressource à sa femme et à ses enfants » (1).

100. Mais les avantages que confère aux membres des Sociétés de secours mutuels l'article 7 ci-dessus, ne se bornent pas à la faculté de garantir une somme de 1,000 fr.

(1) Rapport à l'Empereur sur la situation des Sociétés de secours mutuels, 1867. — Edition de l'imprimerie impériale, p. 11.

à leurs héritiers ou ayant-droit, au moyen de l'assurance *collective* contractée en leur nom par leur Société, ils peuvent encore s'assurer eux-mêmes *individuellement*, suivant les conditions habituelles que nous avons déjà étudiées, par conséquent jusqu'au maximum de 3,000 francs.

De telle sorte que le recours simultané à l'assurance collective et à l'assurance individuelle offrira à chaque sociétaire la perspective de laisser à ses héritiers jusqu'à 4,000 francs obtenus à l'aide de versements relativement minimes, et, en tous cas, inférieurs à ceux que se verra obligée de réclamer toute compagnie particulière d'assurance pour garantir le même résultat.

101. Ces avantages étant bien constatés, nous avons à étudier maintenant comment, dans la pratique, les assurances collectives pourront être contractées.

Ici nous apparaissent des difficultés sérieuses, qui ont entièrement échappé à l'attention du Corps législatif.

En effet, d'après l'article 7, l'assurance sera directement contractée par chaque Société sur une liste indiquant le nom et l'âge de *tous* ses membres.

L'assurance est donc *obligatoire* pour tous.

C'est bien là ce que la loi a voulu.

Le règlement d'administration publique, sous forme de décret impérial relatif aux conditions des assurances, et la circulaire ministérielle qui l'accompagne, ne laissent aucun doute à cet égard (1).

(1) Voir le *Moniteur* du 4 novembre 1868 :
« Il convient de remarquer — dit la circulaire — que le § 2 de

Hé bien ! des objections péremptoires s'élèvent contre ce principe de l'assurance obligatoire pour tous les membres des Sociétés contractantes.

Nous les résumons en deux mots : défaut d'intérêt et opposition de la part d'un certain nombre de membres ; — impossibilité pour les Sociétés de passer outre et de les assurer malgré eux.

Le défaut d'intérêt est manifeste de la part des sociétaires célibataires ou veufs sans enfants, qui n'auront d'autres héritiers que des collatéraux éloignés.

Ils allégueront avec raison qu'ils préfèrent destiner leurs ressources personnelles, ou voir employer celle de la Société, à la constitution ou à l'augmentation des pensions de retraite dont l'intérêt est général.

Ils se refuseront donc, soit à effectuer des versements personnels, soit à voter l'affectation d'aucun fonds de la Société à la création d'une assurance collective qui ne les intéresse pas.

103. Que feront alors les Sociétés ? Si elles veulent passer outre, comment trouveront-elles de quoi réaliser l'assurance collective de leurs membres ?

Feront-elles des prélèvements sur les ressources provenant des cotisations habituelles ? Mais cet emploi nouveau des fonds sociaux, non autorisé par les statuts, sera irréa-

l'article 18 du règlement, en disant que les propositions d'assurances collectives sont accompagnées de listes nominatives comprenant les personnes assurées, entend par cette désignation *tous les membres de la Société*, conformément à la prescription formelle de la loi. »

lisable sans une approbation unanime, et le plus souvent impossible à obtenir.

Provoqueront-elles des versements libres? Mais alors elles ne pourront équitablement assurer que ceux qui les auront effectués, et la loi leur défend toute assurance qui ne comprend pas tous leurs membres sans exception. Feront-elles appel aux largesses de membres honoraires ou de bienfaiteurs, pour les faire servir à l'assurance collective de tous les sociétaires?

Mais ce recours à la bienfaisance, déjà employé par plusieurs Sociétés pour l'accroissement de leurs fonds de retraite, ne saurait être érigé en principe et remplacer la prévoyance et l'épargne.

Enfin, en admettant que par des souscriptions quelconques elles recueillent des fonds distincts des ressources sociales, les Sociétés pourront-elles contracter une assurance collective contre le gré de leurs membres opposants? — Non, la loi elle-même défend de faire une assurance sur la tête d'une tierce personne sans son consentement.

Ainsi la disposition si utile de l'article 7 restera nécessairement inapplicable toutes les fois que les Sociétés qui voudront en profiter n'obtiendront pas l'adhésion au contrat d'assurance de la totalité de leurs membres.

Les intentions du législateur et les calculs de l'État risquent donc fort d'être trompés, aussi bien que les espérances des Sociétés elles-mêmes.

104. Y a-t-il une solution à cette difficulté?

— Oui, et le principe nous en semble bien simple:

Il s'agit de chercher dans quelle mesure la liberté des

sociétaires peut être conciliée avec l'intérêt qui commande à l'assureur de ne consentir des assurances collectives que vis-à-vis des groupes d'un certain nombre de personnes.

En l'état actuel, le nombre des membres de chaque Société est extrêmement variable. Les unes n'en compte que 50, d'autres **100, 1,000**, etc.

Est-il absolument indispensable aux calculs de l'État que tous les membres, indistinctement, soient compris dans les assurances collectives? — S'il en est ainsi, l'assurance collective des Sociétés de secours mutuels est une chimère irréalisable.

Si de cette condition ne dépend pas absolument le succès de l'assurance collective, il n'y a plus qu'à rechercher dans quelles proportions le nombre des assurés est indispensable à sa réussite. Ce sera, si l'on veut, par exemple, le quart, le tiers, la moitié, les deux tiers, les trois quarts des sociétaires qui devront nécessairement être compris dans le contrat pour le rendre strictement rémunérateur pour l'État, et dès-lors réalisable.

105. Il suffira que la latitude soit telle qu'elle permette de laisser en dehors de l'assurance le petit nombre de sociétaires pour qui elle peut être sans intérêt, c'est-à-dire ceux qui, sans famille, sans parents n'auraient que des héritiers éloignés.

Il résultera que les autres sociétaires, dans le but de rendre le contrat toujours possible, se préoccuperont davantage d'augmenter leur nombre dans la Société par l'adjonction de nouveaux membres intéressés comme eux à s'assurer, et par conséquent portés, par les nécessités de leur position, à la prévoyance et à l'épargne.

Dans cette hypothèse, tous les principes seraient sauvegardés, et tous les intérêts satisfaits : — l'Etat qui, ici, ne cherche pas des profits, n'aurait rien à perdre, et cela lui suffirait ; les sociétaires, sans intérêt à l'assurance, pourraient y rester étrangers, et les Sociétés verraient accourir à elles avec empressement les membres auxquels les devoirs et les affections de la famille font sentir tout le prix d'une assurance qui permet de laisser à ses héritiers au moins un petit patrimoine.

TITRE II.

DE LA CAISSE D'ASSURANCE EN CAS D'ACCIDENTS.

Art. 8. Les assurances en cas d'accidents ont lieu par année.

L'assuré verse à son choix et pour chaque année, 8 francs, 5 fr., ou 3 fr.

SOMMAIRE.

106 *A quelles questions répond l'article 8.*
107 *L'Assurance en cas d'accidents est annuelle.*
108 *Elle est renouvelable au gré de l'assuré.*
109 *Quotité des versements : 3, 5, 8 francs.*
110 *Quotité des pensions,—renvoi à l'article 11.*

106. 1° De quelle manière et pour quelle durée peut-on s'assurer à la Caisse des assurances en cas d'accident ?

2° Quelles sommes faut-il verser?

Telles sont les questions auxquelles répond l'article 8.

107. Il énonce en premier lieu que « les assurances en cas d'accidents ont lieu par année. »

Ce texte ne présente rien d'obscur : on ne peut contracter que pour une année à la fois ; — une cotisation, quelque soit son chiffre, ne produit d'effet que pour l'année dans laquelle elle est versée.

Si donc on veut s'assurer pour un temps plus long, il y a nécessité de renouveler chaque année le versement de sa cotisation.

108. Ainsi un ouvrier accepte un travail dangereux : il s'assure pour un an ; s'il lui survient un accident dans le cours de cette année il obtient une pension viagère.

S'il échappe aux périls dont son travail le menace et qu'il ait l'année suivante une fonction moins dangereuse ou que se sentant plus sûr de lui-même, il lui plaise de ne plus s'assurer, il ne renouvelle pas le versement de sa cotisation.

L'institution se prête ainsi à toutes les convenances du travailleur.

109. Que faut-il verser pour s'assurer une pension viagère immédiate en cas d'accident survenant dans l'année ?

L'art. 8 répond : on peut verser à son choix 8 francs, 5 francs, ou 3 francs.

« Ces trois chiffres différents de cotisation ont paru représenter suffisamment les variétés de situation qui se remarquent dans la population ouvrière. Pour beaucoup, les produits du travail sont assez élevés pour permettre une épargne annuelle de 8 francs ; mais pour un plus grand nombre, notamment pour ceux qui sont employés à l'agriculture, l'économie est plus difficile, et il a paru que 5 francs et 3 francs étaient des chiffres appropriés à toutes les conditions. » (1)

110. Après avoir ainsi énoncé comment se contracte l'assurance, et quelles sommes il y a lieu de verser, la loi a dû indiquer la quotité des pensions qui seraient obtenues, c'est ce qui fait l'objet de l'article 11.

Les deux suivants (9 et 10) ont dû préalablement faire connaître les ressources de la Caisse, et les distinctions suivant lesquelles se règleraient les pensions.

Art. 9.—Les ressources de la Caisse en cas d'accidents se composent :

1° Du montant des cotisations versées par les assurés, comme il est dit ci-dessus ;

2° D'une subvention de l'État à inscrire annuellement au budget et qui, pour la première année, est fixée à un million ;

3° Des dons et legs faits à la caisse.

SOMMAIRE.

111 *Les cotisations provenant de la prévoyance individuelle sont la première ressource de la Caisse.*

(1) Exposé des motifs par M. le conseiller d'État Vernier, p. 20.

112 Cependant elles sont insuffisantes pour constituer des pensions convenables.
113 Comment remédier à leur insuffisance?
114 l'Etat intervient, suivant l'exemple donné par les Compagnies houillères.
115 Résultats de cette intervention : pensions doublées,—Secours aux veuves et aux orphelins mineurs.
116 Caractère de cette intervention.
117 Par quels moyens s'exerce-t-elle ?—Prélèvements sur les travaux publics ;—deuxième ressource de la caisse.
118 Troisième ressource : dons et legs.

111. Les cotisations des assurés sont le premier élément des ressources de la Caisse d'assurance. Elle fait appel avant tout à l'initiative et à la prévoyance individuelles. C'est sur ce terrain qu'elle doit, en principe, baser ses opérations.

Toutefois, les cotisations annuelles de 3, 5 et 8 francs, sont insuffisantes pour permettre de servir aux assurés frappés d'incapacité de travail des pensions convenables c'est-à-dire proportionnées à leurs besoins.

112. En effet des calculs très sérieux, et qui conduisent (comme nous le verrons à propos de l'art. 11) à des résultats d'une extrême probabilité, démontrent que sur 100,000 assurés, environ 320 par année auront à bénéficier de la Caisse d'assurance en cas d'accident.

Si donc on suppose 100,000 assurés à la cotisation annuelle de 5 fr., on aura à la fin de l'année, en ajoutant six mois d'intérêt à 4 pour 100, un produit de cotisations s'élevant à 510,000 francs qui, divisés par 320, donnera pour chacun des ouvriers morts ou blessés un capital de 1,000 f. environ. C'est ce capital qui versé à la Caisse des retraites devra être immédiatement converti par elle en une pension viagère au taux de ses tarifs, ou qui servira à payer une somme à la veuve et aux enfants de ceux qui auront succombé.

Mais la pension viagère obtenue par ce capital sera toujours au-dessous du nécessaire. Le tableau dressé avec soin des rentes viagères qui seraient produites par le seul versement annuel de 5 francs que nous avons pris pour exemple, montre en effet qu'à 20 ans on aurait droit seulement à une rente viagère de 95 francs ; à 30 ans, à une rente de 100 francs ; à 40 ans, à une rente de 110 francs ; à 50 ans, à une rente de 130 francs ; à 60 ans, à une rente de 161 fr.

Avec la cotisation de 8 fr., les pensions seraient un peu plus élevées, mais toujours trop restreintes (1).

113. A quel moyen fallait-il recourir pour les augmenter ? — On n'en a pas trouvé d'autre qu'une subvention de l'Etat ; et c'est là la deuxième source des moyens d'action de la Caisse d'assurance contre les accidents, institué par la loi qui nous occupe.

114. L'intervention de l'Etat, ainsi que l'a reconnu M. Jules Favre, a d'ailleurs ici sa justification, dans la ligne de conduite que se sont vues obligées de suivre les grandes compagnies industrielles qui ont voulu créer des Caisses de secours ou d'assurances contre les accidents, au profit des ouvriers qu'elles occupent.

(1) Cette insuffisance des cotisations de 3, 5 et 8 francs sera de nouveau et péremptoirement démontrée quand nous étudierons sur l'art. 11, le mécanisme de la Caisse d'assurance.

Ainsi, dans le bassin houiller de la Loire les Compagnies ont constaté que les cotisations de leurs ouvriers resteraient toujours inefficaces à leur garantir, en cas d'accidents, des rentes viagères en rapport avec leurs besoins. Les Compagnies sont donc venues au secours des Caisses établies par leurs ouvriers. « Elles ont senti la nécessité, non pas seulement de les protéger, mais encore de les organiser. Les Compagnies y concourent en outre la plupart du temps à mesure égale » (1).

115. C'est identiquement ce que l'Etat fera vis-à-vis de la Caisse d'assurance en cas d'accidents: la subvention annuelle, qui, aux termes de l'art. 11 ci-dessus, lui sera annuellement versée, aura pour résultat de *doubler* la pension qu'aurait produite la seule cotisation de l'assuré.

Elle permettra, en outre, de fournir, en cas de mort de l'assuré: 1° à sa veuve, un secours une fois payé, égal à deux années de la pension, à laquelle il aurait eu droit s'il avait survécu; et 2° à ses enfants mineurs, quel qu'en soit le nombre, une somme égale.

116. Cette subvention n'a cependant pas été admise sans objections. Nous avons exposé plus haut (numéros 20 et suivant) les considérations présentées contre cette intervention de l'Etat, et celles qui l'ont fait accueillir par le Corps législatif.

Nous n'avons pas à revenir sur ce point. Nous nous

(1) Discours de M. Jules Favre, *Moniteur* du 31 mai 1868, p. 754, 2e colonne.

bornons à constater de nouveau que la subvention fournie par l'État, justifiée en fait par les services qu'elle permet à la Caisse d'assurance en cas de décès de rendre aux travailleurs, n'engage nullement les principes économiques qui en théorie lui seraient contraires.

C'est sur la réserve expresse de ces principes que l'article a été voté à l'unanimité (1).

117. La subvention de l'État à la Caisse d'assurance en cas d'accident étant admise, il fallait y pourvoir de manière à rendre la prestation régulière.

L'article 9 n'énonce rien à cet égard, mais l'exposé des motifs de la loi nous apprend que la subvention annuelle, à inscrire au budget, proviendra d'un prélèvement de 1 % sur les travaux de l'État et des départements, et qu'il produira environ 2,800,000 francs (2).

Voici, en effet, comment s'effectuera ce prélèvement : « D'après les renseignements fournis par le Ministère de l'agriculture, du commerce et des travaux publics, et par le Ministère de l'intérieur, on évalue à 270 millions environ, la somme dépensée chaque année en travaux par l'État et les départements, et à 10 millions le montant

(1) Observation de M. Garnier-Pagès, *Moniteur* du 31 mai, p. 775, 4e colonne.

(2) Ce prélèvement repose sur cette idée qu'il est équitable de faire payer par l'industrie même à laquelle les ouvriers travaillent, les risques qu'ils courent dans l'exécution de leurs travaux.

C'est la même pensée qui, en 1818, a inspiré à la Chambre de commerce de Lyon, le vote d'une surtaxe de 6 centimes par kilog. de soie passant à la Condition, pour la fondation d'une Caisse de secours et de retraites en faveur des ouvriers en soie.

Voyez mon livre sur les *Associations ouvrières*, p. 161.

annuel des subventions accordées par l'Etat aux travaux des départements et des communes: ensemble 280 millions, dont 1 % donne bien 2,800,0000 francs. Cette ressource paraît pouvoir répondre à toutes les éventualités, car indépendamment de ce qu'elle permettra par elle-même de constituer les pensions de 600,000 assurés à peu près, elle doit par des accumulations successives, jusqu'à ce que ce chiffre de 600,000 francs ait été atteint, arriver à la formation d'une réserve qui aura son importance » (1).

118. Enfin, une troisième source de revenus est ouverte à la Caisse des assurances en cas d'accident par la disposition de l'article 9 qui la déclare apte à recevoir les don et legs, comme tout établissement d'utilité publique.

Art. 10.—Pour le règlement des pensions viagères à concéder, les accidents sont distingués en deux classes :

1° Accidents ayant occasionné une incapacité absolue de travail ;

2° Accidents ayant entraîné une incapacité permanente de travail de la profession.

La pension accordée pour les accidents de la seconde classe n'est que la moitié de la pension afférente aux accidents de la première.

SOMMAIRE.

119 *Quels accidents doivent donner lieu à une pension viagère.*

(1) Exposé des motifs, page 10.

119. Tous les accidents quels qu'ils soient doivent-ils donner droit à une pension?

L'article 10 répond : « Il faut que l'accident entraîne une incapacité de travail, mais l'indemnité variera suivant la nature et l'étendue de cette incapacité. »

120. De là la nécessité de distinguer en deux classes, les accidents qui donnent lieu au bénéfice de l'assurance :

1° Ceux qui occasionnent une incapacité absolue, radicale, d'un travail quelconque.

2° Ceux qui ayant rendu l'assuré incapable de continuer sa profession, lui laissent cependant la faculté d'entreprendre un travail d'un autre genre.

Cette distinction se justifie d'elle-même : il eût été contraire à l'équité de traiter de la même manière l'impuissance absolue de toute espèce de travail, et l'impuissance relative à un genre de travail seulement.

121. En conséquence, les assurés obligés par un accident de renoncer à leur profession, mais qui peuvent encore se livrer à un autre travail, ne recevront que la moitié de la pension à laquelle ils auraient eu droit, s'ils étaient restés impropres à tout travail.

122. Cette disposition est très-simple, mais son application donnera certainement lieu à des difficultés.

Comment, en effet, seront déterminées la nature de l'accident, sa cause, sa durée probable ?

Comment, lorsqu'il ne s'agira que de l'incapacité relative, donnant lieu à une demi-pension, sera-t-on sûr que le blessé ne reprendra pas quelque jour l'exercice de sa profession?

Comment distinguera-t-on les cas où le travail sera la *cause*, de ceux où il ne sera que *l'occasion* de l'accident ?

Enfin, à quelle autorité sera remis le soin de trancher ces questions délicates?

123. M. Jules Favre aurait voulu qu'une Commission fût choisie à cet effet, parmi les assurés eux-mêmes, et partageât avec les agents de l'Administration le soin de résoudre toutes les difficultés.

C'est ce qui a lieu chez les Sociétés de secours mutuels, organisées dans le bassin houiller de la Loire, avec la participation des Compagnies de mines, qui y concourent pour une part égale, et qui ont reconnu que la gestion des Caisses de secours en cas d'accident serait difficile si elles n'admettaient pas la participation des ouvriers intéressés.

124. Toutefois, l'éminent orateur n'a présenté aucun amendement en ce sens ; il s'est borné, après avoir cons-

tatė que le soin de trancher toutes les questions relatives à l'allocation des pensions appartiendrait nécessairement à l'administration de la Caisse d'assurance, à faire constater qu'en cas de désaccord les assurés auraient toujours le droit de s'adresser aux tribunaux.

125. Ce droit ne saurait leur être contesté (1), mais M. Jules Favre, et avec lui, M. Paulmier, membre de la Commission, ont signalé combien il serait parfois difficile à l'assuré de recourir aux tribunaux, c'est-à-dire, en définitive, d'intenter un procès à l'Etat, seul administrateur de la Caisse d'assurance, et ils ont conclu à ce que le règlement d'administration publique qui, comme complément nécessaire de la loi, établira les bases du contrat d'assurance, institue une Commission chargée d'entendre les réclamations, de les apprécier et d'admettre les transactions (2).

126. M. le ministre a répondu que le vœu ainsi exprimé recevrait une complète satisfaction ; qu'on ne pouvait supposer que le gouvernement entendît faire décider les ques-

(1) *M. Jules Favre* : « Dans le cas d'un conflit entre l'assuré et l'administration, est-il bien entendu que le droit commun est réservé ?

M. le Rapporteur : Parfaitement.

M. Jules Favre : C'est-à-dire que si l'assuré a à se plaindre, il pourra saisir les tribunaux ?

M. le Rapporteur : Bien entendu.

M. Jules Favre : C'est entendu, et si j'ai posé ainsi une question que j'aurais pu me dispenser, c'est que j'ai voulu que rien ne fût obscur dans l'interprétation de la loi. »

(Séance du 30 mai, *Moniteur* du 31 mai 1868, p. 754, 2me colonne.)

(2) *Moniteur* du 31 mai, p. 754, 4me colonne.

tions difficiles que soulèverait la nature des accidents survenus dans l'exécution du travail agricole et industriel par un fonctionnaire public agissant isolément ; que des Commissions spéciales seraient appelées à statuer et comprendraient non-seulement des fonctionnaires attachés à l'administration de la Caisse, mais aussi d'autres personnes honorables, choisies soit dans les conseils généraux, soit parmi les hommes qui notoirement s'occupent des questions intéressant le sort des ouvriers. « La pensée du projet de loi, a-t-il dit, est d'éviter les difficultés de détail, il a été inspiré par une idée large et généreuse, et soyez convaincus qu'il sera appliqué dans l'esprit qui l'a inspiré. » (1).

127. En exécution de cette promesse des mesures ont été édictées par un règlement d'administration publique du 10 août suivant, qui organise dans chaque chef-lieu d'arrondissement un comité spécial dont la composition semble devoir offrir toute garantie et satisfaire à la fois les intérêts de la Caisse et ceux des assurés.

Nous en publions ci-dessous le texte (2).

(1) *Moniteur* du 31 mai, p. 751, 4e colonne.

(2) Art. 23. Un comité institué au chef-lieu de chaque arrondissement donne son avis sur les demandes de pensions viagères ou de secours présentés par les assurés domiciliés dans l'arrondissement ou par leurs ayant-droits.

Art. 24. Ce comité est composé, sous la présidence du préfet ou du sous-préfet ou de leur délégué, de quatre membres désignés par le préfet, savoir : un ingénieur des ponts et chaussées ou des mines en résidence dans l'arrondissement, un médecin et deux membres de sociétés de secours mutuels, s'il en existe dans l'arrondissement.

Art. 11. — La pension viagère due aux assurés, suivant la distinction de l'article précédent, est servie par la caisse des retraites, moyennant la remise qui lui est faite par la Caisse des assurances en cas d'accidents, du capital nécessaire à la constitution de ladite pension, d'après les tarifs de la caisse des retraites.

Ce capital se compose, pour la pension en cas d'accident de la première classe :

A défaut de sociétés de secours mutuels, le préfet nomme deux membres pris parmi les chefs d'industrie, les contre-maîtres ou les ouvriers des professions les plus répandues dans l'arrondissement.

A Paris et à Lyon, il est institué un comité par arrondissement municipal. Le maire en est président; les autres membres sont désignés par le préfet, qui, à défaut d'ingénieurs, choisit parmi les architectes voyers.

Art. 25. Lorsqu'un assuré est atteint par un accident grave, le maire, sur l'avis qui lui en est donné, constate les circonstances, les causes et la nature de cet accident.

Il consigne sur son procès-verbal les déclarations des personnes présentes et ses observations personnelles.

Art. 26. Le maire charge un médecin de constater l'état du blessé, d'indiquer les suites probables de l'accident, et, s'il y a lieu, l'époque à laquelle il sera possible d'en déterminer le résultat définitif.

Art. 27. Le certificat dressé par le médecin est remis au maire, qui, après l'avoir dûment légalisé, le transmet au préfet ou au sous-préfet avec son procès-verbal.

Art. 28. Les pièces ci-dessus sont transmises, dans le plus bref délai, avec la demande de la partie intéressée, au comité institué par l'article 23 ci-dessus.

Art. 29. Ce comité donne son avis, dans les huit jours, sur les affaires susceptibles de recevoir une solution définitive.

Pour les autres, le comité surseoit jusqu'à production d'un nouveau certificat médical.

Ce certificat est dressé, après serment prêté devant le juge de paix, soit par le médecin membre du comité, soit par tout autre médecin désigné par le préfet ou le sous-préfet, sur la demande du comité.

Avis de la visite du médecin est donné, huit jours à l'avance, au maire de la commune, qui lui-même en avertit le blessé. Celui-ci peut demander l'ajournement de la visite.

Art. 30. Les avis du comité sont adressés sans délai au préfet du département.

Le préfet les transmet, avec les pièces à l'appui, au directeur général de la Caisse, qui statue.

1° D'une somme égale à trois cent vingt fois le montant de la cotisation versée par l'assuré;

2° D'une seconde somme égale à la précédente et qui est prélevée sur les ressources indiquées aux paragraphes 2 et 3 de l'article 9.

Le montant de la pension correspondant aux cotisations de 5 francs et de 3 francs ne peut être inférieur à 200 francs pour la première et à 150 francs pour la seconde. La seconde partie du capital ci-dessus est élevée de manière à atteindre ces *minima*, lorsqu'il y a lieu.

SOMMAIRE.

128. *Mécanisme de la Caisse d'assurance en cas d'accident.—Paiement des pensions.*

129 *Emploi des ressources de la Caisse.*

130 *La cotisation de l'assuré produit à son profit un capital 320 fois égal à sa mise.*

131 *Raison d'être de cette multiplication : — ce chiffre de 320 représente le nombre probable des mutilés par 100,000 assurés, et la proportion la plus large dans laquelle ils peuvent bénéficier de l'assurance sans nuire à l'assureur.*

132 *Mais la pension viagère produite par un capital même égal à 320 fois la mise de l'assuré est encore insuffisante.*

133 *C'est pour les porter au niveau des besoins des intéressés qu'intervient la subvention de l'Etat, qui double le capital constitutif de la pension viagère, et par conséquent la pension elle-même.*

134 *Résumé du système.*

135 *Mais ce n'est qu'en cas d'accident entraînant une incapacité de travail que la pension est ainsi doublée.*

136 *Minimum des pensions : 200 fr. pour une cotisation de 5 fr., et 150 fr. pour une cotisation de 3 fr.*

137 *Aucune institution jusqu'à ce jour n'a offert un tel avantage.*

138 *Le refus de s'assurer sera désormais, pour les personnes occupées à des travaux dangereux, un acte de suprême imprudence.*

139 *Amendement tendant à faire donner à l'assuré des secours* temporaires.

140 *Il a été rejeté comme un empiétement sur l'œuvre des sociétés de secours mutuels et de diverses associations privées.*

128. Cet article contient tout le mécanisme de la Caisse d'assurance en cas d'accidents. M. Paulmier, député, membre de la commission chargée d'étudier le projet de loi l'a résumé en ces termes :

« Une personne apporte à la Caisse d'assurances en cas d'accident une cotisation de 8 fr., de 5 fr. ou de 3 fr.

« Un accident arrive, cette personne est frappée d'une incapacité permanente ou relative de travail, une somme est donnée, qui représente 320 fois la mise, et, d'après le système de la loi, cette somme est doublée ; elle constitue un capital.

« Ce capital n'est pas donné à la personne blessée ; mais il est versé à la Caisse des retraites.

« La Caisse des retraites, alors, en raison de l'âge de la personne blessée, constitue, d'après ses tarifs, une rente viagère à cette personne » (1).

129. Ce mécanisme est facile à saisir, et nous savons à l'aide de quelles ressources il fonctionne, nous avons remarqué, en effet, sous l'article 9, que trois sources peuvent alimenter les fonds de la Caisse d'assurances en cas d'accidents : — les cotisations des assurés, — la subvention annuelle de l'État, — les dons et legs, mais comme nous allons le voir ces trois sources ne sont pas dans tous les cas mises à contribution.

130. La mise de l'assuré est le premier élément de formation du capital constitutif de sa pension.

Mais sa mise, par le bénéfice résultant du contrat d'assu-

(1) *Moniteur* du 31 mai, p. 751, 5e colonne.

rance, dès qu'un accident survient, s'élève à 320 fois son chiffre primitif.

D'où vient cette élévation et pourquoi est-ce le chiffre de 320 qui sert de multiplication au versement de l'assuré?

Nous pourrions nous borner à énoncer que c'est parce que telle est la proportion qui, d'après des calculs sérieux, a paru la plus avantageuse à l'assuré, en sauvegardant le mieux l'intérêt de la Caisse d'assurance.

131. Mais il n'est pas inutile de faire connaître sur quel calcul, ou plutôt d'après quelles probabilités on est arrivé à admettre cette formule. M. le conseiller d'État Vernier, en a ainsi donné l'explication dans l'exposé des motifs de la loi :

« Si l'on connaissait le nombre probable des accidents pouvant donner lieu au paiement d'une pension viagère, par rapport à un nombre donné d'assurés, on arriverait, en divisant le produit annuel des cotisations par ce nombre probable, à trouver le capital qui pourrait être converti en rente. Tout revient donc à chercher ce nombre probable, et, si on le peut, à le déterminer dans des conditions telles qu'on puisse raisonnablement supposer qu'il ne sera pas dépassé.

« Or, au milieu de toutes les professions se rattachant à l'agriculture ou à l'industrie, et qui se partagent la population ouvrière de la France, il en est une dont le personnel, compté avec soin chaque année, est, sans contredit, beaucoup plus exposé que tout autre aux accidents professionnels. Il s'agit des ouvriers employés aux travaux des mines de toute nature. Chaque année, les ingénieurs chargés de la surveillance des exploitations relèvent les accidents qui s'y produisent et donnent le nombre des morts et des blessés dans chaque accident. On a ainsi, avec une exactitude mathémathique, le rapport des morts et blessés au nombre des ouvriers employés ; et il est remarquable que ce rapport, dont on peut suivre la constatation pendant les dix dernières années, n'ait, pour ainsi dire, subi aucun changement, quoique le nombre des ouvriers employés ait souvent varié. Il semble qu'il y ait là une loi générale, qui chaque année fait la part des accidents, comme en matière de mortalité, elle fait la part de la mort.

« On trouve ainsi sur un nombre moyen annuel de 226,739 ouvriers, pendant les cinq années antérieures à 1865, 337 tués et 1,511 blessés ; ensemble 1,848 tués ou blessés, c'est-à-dire, 8 pour 1,000. Mais ce chiffre comprend, outre ceux qui auront droit à la rente viagère comme mutilés, ceux en très-grand nombre qui, atteints seulement de blessures légères, ne sauraient être admis à profiter de l'institution nouvelle ; et ici, on se trouve en face d'une difficulté véritable que les renseignements statisques des ingénieurs ne permettent pas de trancher d'une manière sure. Toutefois des appréciations approximatives faites par plusieurs bons esprits autorisent à penser que les deux cinquièmes seulement du nombre total des ouvriers tués ou blessés, soit 320 pour 100,000, donneront lieu à la création d'une rente viagère ou au paiement d'un capital, c'est-à-dire que, sur 100,000 ouvriers employés dans les travaux *les plus dangereux*, 320, chaque année, auront à bénéficier du projet.

« Ce chiffre de 320 tués ou blessés pour 100,000 ouvriers se trouve confirmé en partie par des observations faites dans l'exploitation de certaines mines de houille, notamment dans celles d'Anzin, de Douchy et de Blanzy, et quoique le rapport y soit un peu plus élevé, il doit être ramené à la quantité obtenue plus haut, par cette considération que les ouvriers de ces établissements sont relativement peu nombreux et que dès-lors la puissance des grands nombres se fait moins sentir que lorsqu'on envisage l'ensemble des exploitations minières du pays.

« D'ailleurs, en adoptant ce chiffre comme élément de calcul, on est certain de ne pas avoir de mécompte ; car, ainsi qu'on l'a déjà fait remarquer, la profession à laquelle l'observation l'a emprunté est, sans contredit, celle qui donne lieu au plus grand nombre d'accidents et au plus grand nombre de victimes ; et, en l'appliquant à toutes les autres qui sont, pour la plupart, sensiblement moins périlleuses, les résultats effectifs des opérations seront certainement meilleurs que les résultats probables.

« Si maintenant on suppose 100,000 assurés à la cotisation annuelle de 5 francs, on aura à la fin de l'année, en ajoutant six mois d'intérêt à 4 p. 100, un produit de cotisations s'élevant à 510,000 francs qui, divisés par 320, donnera pour chacun des ouvriers morts ou blessés, un capital de 1,600 francs environ. C'est ce capital qui, versé à la Caisse des retraites, sera converti immédiatement par elle en une pension viagère au taux de ses tarifs, ou qui servira à payer une somme à la veuve et aux enfants de ceux qui auront succombé.

132. « Mais la pension viagère ainsi obtenue sera évidemment insuffisante. Le tableau qui indique les pensions viagères correspondantes, suivant les âges, à chaque coti-

sation, montre en effet qu'un homme mutilé à l'âge de seize ans aurait 149 francs de pension, s'il a fait un versement de 8 francs; 93 francs, s'il n'a versé que 5 francs, et 56 fr. seulement, s'il n'en a versé que 3.

« A trente ans, ces chiffres, suivant les cotisations, s'élèvent à 160 francs, 100 francs et 60 francs; et malgré cette élévation successive, à mesure que l'âge des assurés augmente, les pensions restent toujours au-dessous du nécessaire.

133. « C'est pour les porter au niveau des besoins des intéressés qu'intervient la subvention de l'Etat. Cette subvention, qui se réalise au moyen d'un prélèvement sur les travaux exécutés par l'Etat et les départements et sur les subventions accordées par l'Etat aux départements et aux communes pour leurs travaux, est destinée à *doubler le capital qui doit être converti en pension viagère*, et par conséquent à *doubler la pension elle-même*. De sorte qu'à seize ans, qui est l'âge initial des assurances en cas d'accidents, la pension totale sera de 298 francs pour la cotisation de 8 francs; de 186 francs pour celle de 5 francs, et de 112 francs pour celle de 3 francs. Et à l'âge de 30 ans, ces pensions seront de 320 fr., 200, et 120 francs, suivant le chiffre des cotisations.

134. Ainsi, en résumé, le capital constitutif de la pension due à l'assuré blessé se compose :

1° D'une somme égale à 320 fois le montant de la cotisation qu'il a versée ;

2° D'une seconde somme égale à la précédente, et qui est prélevée sur les ressources indiquées aux paragraphes

2 et 3 de l'article 9, c'est-à-dire sur le montant de la subvention de l'Etat et des dons ou legs qui auraient pu être faits à la Caisse.

135. Mais, remarquons-le bien, ce n'est qu'en cas d'accident de la première classe, c'est-à-dire, comme nous l'avons vu sous l'article précédent, lorsque l'accident a entraîné une incapacité absolue de tout travail, que la pension est doublée par l'adjonction d'une somme égale à celle produite par la mise de l'assuré.

Au contraire, lorsque l'incapacité de travail n'est que relative à la profession de l'assuré, nous savons que sa pension est de la moitié de ce qu'il aurait eu dans le premier cas ; — elle ne se constitue donc alors qu'à l'aide du capital formé par le montant 320 fois répété de sa mise.

136. Une dernière disposition de l'article 11 a besoin d'être expliquée :

Les pensions produites par les versements de 5 francs et 3 francs, même avec la subvention, ont paru insuffisantes.

Dans certains cas, en effet, de 16 à 25 ans, par exemple, elles resteraient inférieures les unes à 200 francs, les autres à 150 francs.

On a considéré que pour être efficaces, elles devaient atteindre au moins ce chiffre.

Donc, si lorsque l'accident survient, le montant de la pension correspondant aux cotisations de 5 francs et de 3 francs, même étant *doublée* par la subvention reste inférieur à 200 francs dans le premier cas, et à 150, dans le second, la subvention sera accrue de manière que la pension atteigne toujours ces chiffres.

137. Il suffit de parcourir les comptes-rendus des Caisses d'assurance établies dans certaines grandes usines, ou par les soins des Compagnies de mines, pour se convaincre que, jusqu'à ce jour, aucun avantage semblable n'a été offert aux ouvriers.

C'est bien le cas de dire qu'il faudrait être désormais d'une imprévoyance bien obstinée et bien inintelligente pour refuser de s'assurer moyennant 5 francs ou 3 francs, une pension viagère qui ne peut être au-dessous de 200 ou de 150 francs et qui peut s'élever jusqu'à 328 francs avec un versement de 5 francs, et atteindre 524 francs avec un versement de 8 francs.

138. Il suffira donc, nous nous plaisons à l'espérer, que la nouvelle institution soit connue pour que tous ceux qui ont intérêt à y recourir n'hésitent pas à le faire, à moins qu'ils ne ferment volontairement les yeux sur ce qui leur est avantageux.

Sans doute il se rencontrera encore de ces tristes calculateurs qui préféreront dissiper, dans une dépense immédiate 3, 5 ou 8 francs plutôt que de confier ces petites sommes à la Caisse d'assurance ; — mais lequel d'entre eux pourra être certain qu'entre 16 et 60 ans il échappera aux conséquences d'un travail dangereux, or même avec un versement qui durerait tout ce laps de temps, et alors que l'accident ne surviendrait qu'à 60 ans, l'assuré aurait toujours une pension de beaucoup supérieure même au simple capital versé par lui.

L'imprévoyance n'aura donc plus d'excuse, et tout individu frappé d'une subite infirmité dans l'exercice d'une profession dangereuse, ne pourra s'imputer qu'à lui-même sa détresse, s'il a volontairement négligé de s'assurer.

139. C'est ici l'occasion de parler d'une proposition qui avait été inspirée par un sentiment généreux à un honorable député, M. Paulmier.

Il demandait que, dans l'intervalle de temps s'écoulant entre l'accident et l'époque où l'incapacité permanente de travail serait constatée, il puisse être alloué à l'assuré un secours temporaire qui lui permît de se faire donner les premiers soins.

140. La Chambre a repoussé cette proposition (1). Il lui a paru, en effet, que l'action de l'État devait être limitée, et qu'il appartenait à l'initiative privée et à la prévoyance individuelle de mettre des secours immédiats et temporaires à la disposition de l'ouvrier blessé. En effet, c'est l'œuvre, soit des Sociétés de secours mutuels, soit des Caisses d'assurance organisées dans les grandes exploitations industrielles, soit de plusieurs entreprises ou associations d'intérêt privé (2).

(1) *Moniteur* du 31 mai, p. 755, 5e colonne.

(2) La *Société générale*, compagnie d'assurance contre les accidents, a distribué, depuis son organisation, en 1860, un total d'indemnités montant à 440,894 francs, réparti entre 4,296 personnes. Sur ce nombre 4,220, ou 98 pour cent, représentant les accidents *temporaires*. A ce titre, la Compagnie a réparé une moyenne de 68,489 journées perdues.

La *Préservatrice*, Société d'assurance mutuelle, fondée dans le même but, fonctionne en Belgique et à Paris.

Enfin, les *Sociétés de secours* mutuels qui s'attachent spécialement à fournir des indemnités en cas d'incapacité temporaire de travail ont payé 3,856,155 journées de maladie, dans le cours de leur dernier exercice.

Il n'appartenait pas à l'Etat de se substituer à ces institutions diverses et d'assurer à l'ouvrier une libéralité pécuniaire, dans une circonstance où il peut, par sa prévoyance, s'être créé un droit aux secours dont il a alors besoin (1).

Là où il a paru que l'intervention de l'Etat pouvait commencer sans compromettre la prévoyance et l'initiative individuelle, c'est quand il s'agit de leur apporter un complément qui les stimule, et rende leur efficacité plus complète.

Cette intervention se comprend donc lorsque, après que le travailleur a commencé par faire acte de prévoyance en versant ses cotisations à la Caisse d'assurance, l'Etat ajoute le complément qui vient en doubler le résultat et mettre la pension au niveau des besoins.

Demander à l'Etat un secours temporaire c'eût été faire appel à la bienfaisance légale et aller directement contre le but que la loi s'est proposé d'encourager, de faciliter, l'épargne et la prévoyance, et de les rendre accessibles à tous et vraiment efficaces.

(1) Cette opinion a été exprimée notamment par M. Jules Simon. On s'explique donc très-bien que la Caisse d'assurance dirigée par l'Etat ait dû laisser de côté les secours temporaires ; mais il y a une question capitale pour la classe ouvrière, ainsi que l'a fait très-justement remarquer l'éminent publiciste. « C'est là son intérêt capital, il faut qu'une carrière ne soit pas interrompue et que de malheureuses familles, qui vivent au jour le jour du salaire de leur chef, ne soient pas précipitées, par une interruption de travail, dans la déplorable situation des familles endettées. » (*Moniteur* du 31 mai, p. 573, 5e col.) Cette question doit donc rester incessamment à l'étude, auprès de tous ceux qui, à un titre quelconque, se préoccupent de l'amélioration du sort des classes laborieuses.

Art. 12.—Le secours à allouer, en cas de mort, par suite d'accident, à la veuve de l'assuré, et, s'il est célibataire ou veuf sans enfant, à son père ou à sa mère sexagénaire, est égal à deux années de la pension à laquelle il aurait eu droit, aux termes de l'article précédent.

L'enfant ou les enfants mineurs reçoivent un secours égal à celui qui est attribué à la veuve.

Les secours se paieront en deux annuités.

SOMMAIRE.

141 *Le Contrat d'assurance prend naturellement fin au décès de l'assuré.*

142 *Cependant, l'article 12 prévoit le cas de décès dans un accident, et accorde pendant deux ans, à la famille, un secours égal à la pension qu'aurait eu l'assuré.*

143 *Les enfants naturels ont ici les mêmes droits que les enfants légitimes.*

144 *Répartition des secours entre les divers membres de la famille : 1° à la veuve ; 2° aux enfants. Cumul des secours entre eux et la veuve.*

145 *3° Aux ascendants,—hypothèses diverses.*

146 *Motifs de leur exclusion en cas de concours avec les enfants mineurs.*

147 *Du paiement des secours par annuité.*

148 *Importance des avantages qu'offre l'article 12 aux assurés.*

141. D'après la rigueur des principes le contrat d'assurance devait prendre fin par le décès de l'assuré. Qu'il eût antérieurement obtenu, ou non, une pension viagère, la Caisse d'assurance était déliée de tout engagement par sa mort.

142. Cependant, on a considéré que l'assuré qui perdrait la vie dans un accident, se trouverait avoir effectué, sans profit personnel, des versements à la Caisse d'assurance, et que, de plus, il laisserait le plus souvent une fa-

mille dans l'abandon et la détresse. On a donc étendu au profit de ses proches les effets du contrat d'assurance à deux années après le décès de l'assuré.

En conséquence, sa veuve, ses enfants mineurs et, s'il est célibataire, ou veuf sans enfant, ses père ou mère âgés de 60 ans, reçoivent, pendant deux ans, un secours annuel égal à la pension à laquelle il aurait eu droit aux termes des articles précédents.

Telle est la disposition de l'article 12.

143. Une première question s'est immédiatement élevée sur son application.

Les enfants naturels ont ils le même droit au secours dont il s'agit que les enfants légitimes?

L'affirmative a été explicitement soutenue au nom du Gouvernement et de la Commission par M. le ministre des travaux publics, M. Vernier, commissaire du Gouvernement, et M. Paulmier, membre de la Commission (1).

Aucun doute ne saurait donc s'élever, et comme il s'agit ici d'une question de secours et non de succession, les règles du Code civil, qui limitent les droits successifs des enfants naturels, n'ont aucune raison d'être appliquées.

La part de l'enfant naturel sur le secours alloué après le décès de l'assuré sera donc en tous points égale à celle des enfants légitimes, il n'y aura entre eux aucune différence.

144. Mais comment se répartira le secours entre les uns et les autres?

(1) *Moniteur* du 31 mai 1866, p. 756, 1re et 2e colonnes.

Il y a ici à distinguer plusieurs cas :

1° L'assuré laisse une veuve ; elle a droit pendant deux ans à un secours égal à la pension qu'eût touchée le mari.

2° Il laisse une veuve, et un ou plusieurs enfants mineurs (soit issus de son dernier mariage ou d'une précédente union, soit nés hors de toute union légitime, mais régulièrement reconnus).

Dans ce cas, l'intégralité des secours est perçue cumulativement, c'est-à-dire en même temps, d'une part par la mère, et d'autre part, par l'enfant ou les enfants mineurs. Le texte de l'article 12 l'indique suffisamment, et le doute disparaîtrait au surplus devant l'affirmation contenue dans le rapport de M. de Beauverger (1).

3° L'assuré laisse seulement des enfants, légitimes ou naturels ; leurs droits étant égaux, ainsi que nous l'avons vu, le secours sera également partagé entre eux.

145 4° L'assuré étant veuf, sans enfants, ou célibataire sans enfants naturels reconnus ; le secours est dévolu à ses père ou mère, âgés de soixante ans, et par égale portion entr'eux, s'ils sont vivants tous les deux.

5° L'assuré laisse à la fois des enfants mineurs et des père ou mère sexagénaires ; — ceux-ci auront-ils quelque droit sur le secours revenant aux enfants ? — Non, car l'article ne leur alloue rien, et il ressort même de son texte qu'ils n'auront rien à prétendre. En effet, la loi qui a voulu que les enfants, s'ils se trouvaient en concours avec la veuve, eussent comme elle la totalité des secours, n'a

(1) Page 28.

pu vouloir que ce secours se trouvât diminué par eux, par le fait de la présence des ascendants. Ceux-ci d'ailleurs profitent indirectement du secours attribué en totalité aux enfants, dont ils ont naturellement la charge.

146. On comprend, d'autre part, que lorsqu'il existe des enfants, la loi n'ait pas alloué cumulativement une même indemnité aux ascendants, quelque dignes d'intérêt qu'ils puissent être.

Il fallait des limites à la libéralité, qui, déjà, est par elle-même une dérogation aux principes du contrat d'assurance.

Le secours n'est donc alloué aux ascendants que lorsqu'ils restent seuls après le décès de l'assuré et privés des soins que son affection pouvait exclusivement concentrer sur eux (1).

Et comme l'enfant naturel a ici les mêmes droits que l'enfant légitime, il recueillera la totalité du secours, de préférence aux père et mère de l'assuré.

147. Les derniers mots de l'article : « Les secours se paieront en deux annuités » n'ont pas besoin d'explication. Le secours étant égal à ce que l'assuré eût touché pendant deux ans, s'il eût été frappé d'incapacité absolue de travail, ces deux annuités sont égales, chacune, à la pension à laquelle l'assuré aurait eu droit.

148. Avant de passer à l'examen d'un autre article,

(1) Discours de M. Emile Ollivier. — *Moniteur* du 31 mai, p. 750, 2e colonne.

nous devons encore insister sur les avantages exceptionnels que l'art. 12 procure aux assurés et constater de nouveau combien les travailleurs, employés à des ouvrages dangereux, seront coupables, non-seulement envers eux-mêmes, mais envers leur famille, s'ils négligent, moyennant le paiement, vraiment minime, d'une prime annuelle de 3, 05, ou 8 def., de se procurer à eux-mêmes une pension viagère, et d'assurer, pendant deux ans, un secours égal à cette pension, à leurs veuve, enfants, ou ascendants, dans le cas où ils viendraient à succomber dans le cours de leur travail professionnel.

Il se peut que la loi, dont nous nous efforçons de rendre ici le texte intelligible pour tous, ait des imperfections que l'expérience démontrera, mais ce serait fermer volontairement les yeux à la lumière que de contester ou repousser les améliorations qu'elle apporte aux conditions d'existence des travailleurs.

Art. 13. — Les rentes viagères constituées en vertu de l'article 9 ci-dessus, sont incessibles et insaisissables.

SOMMAIRE.

149 *Motifs de cet article.*
150 *Ses dispositions s'étendent aux secours alloués par l'article 12.*

149. L'article 13 s'explique de lui-même, et n'a besoin d'aucun commentaire.

Les pensions constituées par la Caisse d'assurance en cas d'accident ont un but dont il importe quelle ne soient détournées ni par des cessions, ni par des saisies. — Elles doivent profiter exclusivement à la personne de l'assuré et remédier autant que possible à l'incapacité de travail dont il est atteint. — Dans aucun cas, la cession de sa pension ne pourrait lui être avantageuse.

150. Les secours alloués par l'article précédent à la veuve, aux enfants, aux ascendants, sont-ils, comme les pensions, incessibles et insaisissables?

L'article **13** ne le dit pas explicitement, mais l'affirmative résulte de l'esprit de la loi, et des intentions exprimées au nom de la Commission chargée d'examiner le projet de loi, par son Rapporteur, M. de Beauverger.

« Les pensions et *secours*, dit-il, consacrés, à d'urgents besoins, seront pour la totalité insaisissables et incessibles » (1).

Art. 14. — Nul ne peut s'assurer s'il n'est âgé de 12 ans au moins.

SOMMAIRE.

151 *Motifs de cet article.*
152 *Exclusion de l'« ouvrier de huit ans. »*
153 *Silence de la loi sur la limite supérieure de l'âge.*

(1) P. 28 du rapport.

151. Le projet de loi n'admettait l'assurance qu'à partir de 16 ans ; mais il a paru rationnel qu'elle pût profiter à tous ceux que le travail expose. Or, dès l'âge de 12 ans, l'enfant remplit déjà un rôle important dans certaines manufactures.

152. A la vérité, la loi du 22 mars 1841 admet, à partir de huit ans, les enfants dans les manufactures, « mais — dit M. de Beauverger, dans son rapport — en sera-t-il toujours ainsi, et le salaire de cet âge permettrait-il un prélèvement ? (1) »

153. On remarque que l'article 14, en faisant connaître à partir de quel âge on peut contracter avec la caisse d'assurance, en cas d'accidents, n'a fixé aucune époque à laquelle cette faculté cessât d'exister.

Toute liberté est donc laissée aux travailleurs qui apprécieront jusqu'à quelle limite d'âge ils peuvent avoir intérêt à se garantir contre des risques, plus ou moins fréquents, selon le genre et l'activité de leur travail.

Art. 15.—Les administrations publiques, les établissements industriels, les compagnies de chemins de fer, les sociétés de secours mutuels autorisées peuvent assurer collectivement leurs ouvriers ou leurs membres par listes nominatives, comme il a été dit à l'article 7.

(1) Rapport., p. 28.
Les réformes à introduire dans la législation, sur le travail des enfants et leur apprentissage, ont été étudiées d'une manière saisissante par M. Jules Simon, dans son ouvrage l'*Ouvrier de huit ans*.

« Les administrations municipales peuvent assurer de la même manière les compagnies ou subdivisions de sapeurs-pompiers contre les risques inhérents, soit à leur service spécial, soit aux professions individuelles des ouvriers qui les composent.

« Chaque assuré ne peut obtenir qu'une seule pension viagère. Si, dans le cas d'assurances collectives, plusieurs cotisations ont été versées sur la même tête, elles seront réunies, sans que la cotisation ainsi formée pour la liquidation de la pension puisse dépasser le chiffre de 8 francs ou de 5 francs, fixé par la présente loi.

SOMMAIRE.

154 *Cet article complète l'*assurance collective *inaugurée par l'article 7.*
155 *Double objet de l'assurance pour les sapeurs-pompiers.*
156 *Conditions de l'assurance. — Difficultés à prévoir dans les polices.*
157 *L'assurance ne détruit pas la responsabilité du chef d'industrie, mais elle en atténue pour lui les conséquences.*
158 *Cumul de plusieurs cotisations sur une seule tête.—Liquidation d'une seule pension.*

154. Cet article consacre le principe de l'assurance collective en cas d'accident, comme l'art. 7 l'a fait en matière d'assurance en cas de décès.

L'article 15 va même plus loin : Ce ne sont pas seulement les sociétés de secours mutuels qui pourront assurer collectivement leurs membres, pour leur faire obtenir une rente viagère en cas d'accident ; cette faculté appartient aussi à tous les établissements industriels, administrations publiques, compagnies de mines, ou de chemins de fer, etc.

155. Les compagnies de sapeurs-pompiers, sur la proposition de MM. Joliot et Riondel, députés de l'Isère, ont les mêmes droits ; les administrations muicipales peuvent les assurer tant contre les dangers qu'ils courent dans leur service que contre les accidents dont ils sont menacés dans l'exercice de leur fonction particulière.

156. Cette assurance collective se contracte annuellement comme celle de l'art. 7, sur des listes nominatives.

La pratique offrira sans doute quelques difficultés à raison des changements qui surviennent presque toujours dans le personnel des grands ateliers, pendant le cours d'une année. Il appartient à la rédaction des polices de prévenir les éventualités de fraude, et de plier autant que possible l'assurance collective à la mobilité du personnel pour lequel elle est contractée.

157. Il est à remarquer que les assurances contractées au nom des ouvriers des établissements industriels, ou des pompiers, ne sauraient avoir pour effet de détruire la responsabilité civile des chefs d'industrie ou des communes; mais elles en atténueront les conséquences pécuniaires, et seront sous ce rapport une sécurité aussi bien pour les personnes responsables que pour les personnes garanties.

Les chefs d'industrie ont donc un intérêt manifeste à user de l'assurance collective au profit de leurs ouvriers et employés.

158. La loi a dû prévoir le cas où une même personne se trouverait assurée plusieurs fois à la caisse des accidents, ce qui peut arriver, si un associé appartient par exemple comme ouvrier, et comme pompier, à deux administrations

qui aient contracté avec la caisse d'assurance. Dans ce cas, il ne saurait être donné plusieurs pensions viagères à la même personne. Les diverses cotisations qui auraient été versées sur sa tête, sont réunies en une seule, qui sert de base pour la liquidation de la pension.

Ainsi, il a été versé sur la tête d'un ouvrier 3 fr. par une compagnie et 5 fr. par une autre : les deux versements s'élevant à 8 fr., lui donnent droit à une pension unique calculée sur ce dernier chiffre, suivant l'article 8, ci-dessus. C'est ce qui fait l'objet du dernier paragraphe de l'art. 15.

DISPOSITIONS GÉNÉRALES.

Art. 16. — Les tarifs des deux caisses seront révisés tous les cinq ans à partir de 1870. Ils seront, s'il y a lieu, modifiés par une loi.

Art. 17. — Les caisses d'assurances créées par la présente loi sont gérées par la caisse des dépôts et consignations.

Toutes les recettes disponibles provenant, soit des versements des assurés, soit des intérêts perçus par les caisses, sont successivement et dans les huit jours au plus tard, employées en achats de rentes sur l'Etat.

Ces rentes sont inscrites au nom de chacune des caisses qu'elles concernent.

Une commission supérieure, instituée sur les bases de la loi du 12 juin 1861, est chargée de l'examen des questions relatives aux deux caisses.

Cette commission présente, chaque année, à l'Empereur, un rapport sur la situation morale et matérielle des deux caisses d'assurance, lequel est communiqué au Sénat et au Corps législatif.

Art. 18. — A dater de la promulgation de la présente loi, le gouvernement fera préparer de nouvelles tables de mortalité, d'après les données de l'expérience. Il fera également dresser une statistique annuelle indiquant le nombre, la nature, les causes des accidents qui se produisent dans les différentes professions.

Art. 19. — Un règlement d'administration publique déterminera d'après les bases posées dans la présente loi, les conditions spéciales des polices et la forme des assurances ; il désignera les agents de l'État par l'intermédiaire desquels les assurances pourront être contractées.

Les certificats, actes de notoriété et autres pièces, exclusivement relatives à l'exécution de la présente loi, seront délivrés gratuitement et dispensés des droits de timbre et d'enregistrement.

SOMMAIRE.

159 *Objet général de ces quatre articles.*
160 *Gestion des caisses d'assurances.*
161 *Facilités d'accès pour le public, empruntées à l'Angleterre.*
162 *Formalités très-simples pour la formation du contrat.*
163 *Mode d'emploi immédiat des sommes versées.*
164 *Etude permanente des améliorations du système d'assurances.— Rapport annuel d'une commission supérieure.*
165 *Statistique annuelle. — Révision des tables de mortalité et des tarifs.*
166 *Mesures d'organisation immédiate.*
167 *But définitif de la loi caractérisé par M. Jules Favre.*

159. Les quatres derniers articles de la loi se réfèrent à un même ordre d'idées concernant les conditions générales de son fonctionnement. Nous les avons donc réunis pour jeter un coup-d'œil d'ensemble sur leurs dispositions.

160. Du mode de gestion des Caisses d'assurance, et des facilités qui seraient données aux assurés pour effectuer leurs versements, devait nécessairement dépendre leur réussite. Les rédacteurs de la loi se sont préoccupés de cette double condition de succés.

La gestion des Caisses d'assurance est confiée à la Caisse des dépôts et consignations qui a une administration toute formée, et qui pourra se charger de ce nouveau service presque sans qu'il soit besoin de lui adjoindre de nouveaux fonctionnaires (1).

161. Quant aux facilités à accorder au public, on ne pouvait mieux faire que de suivre l'exemple de l'Angleterre (2).

Les préposés aux bureaux de poste, aux Caisses d'épargne, les percepteurs et tous autres agents de l'État que la nature de leurs fonctions rend aisément accessibles, seront chargés de recevoir les versements des assurés.

M. Cochin, dans son mémoire sur « *les petites assurances sur la vie dans les bureaux de poste en Angleterre*, » publié par la *Revue d'Économie chrétienne*, juillet 1865, p. 75, a démontré aussi d'une manière saisissante les avantages résultant des facilités accordées aux assurés par la formation du contrat et la réalisation de leurs versements.

162. La remise d'un livret, l'inscription de chaque versement opéré, un simple virement de fonds suffiront pour former le contrat.

Des instructions courtes et précises, mises en tête des

(1) Réponse de M. le rapporteur de Beauverger à M. Lanjuinais, *Moniteur* du 31 mai, p. 753, 3ᵉ colonne.

(2) « Aujourd'hui — dit l'auteur d'un rapport sur les Caisses d'épargne postales en Angleterre — sur *tous les points* de la Grande-Bretagne, *tous les jours* de la semaine, le dimanche excepté, et à *toute heure* du jour, *tout individu* peut déposer aisément ses moindres épargnes, et les retirer à bref délai avec la même facilité ; si bien que le voyageur, le marin, le soldat, l'ouvrier en tournée peuvent déposer ici, demander là le remboursement et le recevoir plus loin, quel que soit le bourg, la ville, ou le village qu'ils traversent ou qu'ils habitent momentanément. (Rapport fait par M. Agathon Prévost au conseil des directeurs de la Caisse d'épargne de Paris.)

livrets ou répandues isolément et attirant les regards de tous, devront, en outre, propager la connaissance et les avantages des deux Caisses d'assurances.

Telles sont les explications que nous rencontrons sur le premier paragraphe de l'art. 17, dans le rapport de M. de Beauverger (1).

163. Le paragraphe suivant contient une disposition d'administration intérieure, destinée à assurer la sécurité et la facilité des opérations : — Tous les versements faits par les assurés, à l'une ou l'autre des deux caisses, et les intérêts perçus par elle, seront successivement employés, dans les huit jours, en achats de rentes sur l'Etat, inscrites au nom de chacune des Caisses qu'elles concernent.

Ainsi, point de retard, point d'irrégularités dans l'emploi des fonds.

164. Restent la surveillance supérieure, l'examen permanent, expérimental, scientifique des opérations des deux caisses.

Cette étude est confiée à une commission instituée sur les bases de la loi du 12 juin 1861, c'est-à-dire comme celle qui fonctionne auprès de la Caisse des retraites (2). Elle aura à présenter au chef de l'Etat un rapport annuel sur

(1) Page 31.

(2) Loi du 12 juin 1861. — Art. 15 : La Commission supérieure, chargée, conformément à l'article 13 de la loi du 18 juin 1850, de l'examen des questions relatives à la caisse des retraites, est composée de quinze membres nommés pour trois ans par décret impérial, sur la proposition des ministres des finances, de l'agriculture, du commerce et des travaux publics.

les deux caisses, lequel sera communiqué au Sénat et au Corps législatif.

165. Mais cette mesure ne suffirait pas pour assurer le progrès et le développement de l'institution. Il faut en matière d'assurances sur la vie une étude permanente, qui consiste surtout dans la constatation des faits et leur rapprochement des lois mathématiques.

Il sera en conséquence dressé annuellement une statistique indiquant la nombre, la nature, les causes des accidents qui se produisent dans les différentes professions.

Cette statistique permettra d'arriver à deux résultats:

1° L'établissement de nouvelles tables de mortalité, ou plutôt des rectifications à apporter d'après les données de l'expérience aux tables de Deparcieux.

2° La révision tous les cinq ans des tarifs des deux Caisses. (Art. 16 et 18.)

Quand de tels éléments de statistiques auront été fidèlement recueillis, on comprend combien il pourra être utile de modifier par une loi les bases du contrat, ainsi que l'article 16 en fait la réserve.

Ces mesures diverses sont donc de nature à améliorer inévitablement l'institution des assurances mises à la portée des petites épargnes.

166. Mais il s'agit aussi d'en faciliter immédiatement l'organisation. L'art. 19 et dernier annonce, à cet effet, qu'un règlement d'administration publique déterminera les conditions spéciales des polices et la forme des assurances; il ajoute que toutes les pièces relatives à l'exécution

de la présente loi seront délivrées gratuitement et dispensées des droits de timbre et d'enregistrement.

Toutes les facilités sont donc réunies pour encourager un essai sérieux des deux caisses d'assurances, dont un vote unanime du corps législatif a inauguré la création dans notre pays.

167. Il semble ainsi qu'aucun sentiment de défiance, qu'aucune incertitude ne devra paralyser le bon vouloir de ceux qui seraient tentés d'y avoir recours.

A ceux qui hésiteraient à s'assurer, obéissant à des considérations contraires à leurs véritables intérêts, nous rappellerons, en terminant, cette parole de conciliation, par laquelle un éminent orateur a caractérisé la loi avant de la voter :

« Il est un point qui nous rassemble tous, c'est le désir d'arriver à une équitable réparation des malheurs éprouvés par ceux de nos concitoyens qui méritent assurément le plus haut intérêt, puisqu'ils vivent de leur travail, et que ce travail les expose souvent à d'inévitables dangers ; eh bien! tel est le but de la loi. » (1)

(1) Discours de M. Jules Favre. — *Moniteur* du 31 mai, p. 754, 1re colonne.

INSTRUCTIONS PRATIQUES

A l'usage des déposants aux Caisses d'assurances

Depuis que nous avons terminé l'étude qui précède, des instructions pratiques, à l'usage des déposants, ont été publiées par les soins du gouvernement pour faciliter l'application de la loi du 11 juillet 1868 et du décret du 10 août suivant, qui en a déterminé les modes d'exécution.

Ces instructions sont au nombre de trois. Elles concernent : 1° La Caisse d'assurance, en cas de décès ; 2° les Assurances collectives des Sociétés de secours mutuels à cette même caisse ; 3° la Caisse d'assurance en cas d'accident. Elles sont en outre suivies des tarifs en vigueur.

Il ne nous semble pas inutile de jeter un coup d'œil sur ces documents, dont la propagation est appelée à contribuer efficacement au succès des institutions créées par la loi du 11 juillet 1868.

I. — Instruction pratique à l'usage du déposant à la Caisse d'assurance en cas de décès (1)

I

Le point capital de cette instruction est le mode suivant lequel peut se contracter l'assurance.

Les plus grandes facilités, à cet égard, sont offertes au public :

Toute personne qui veut contracter une assurance, pour elle-même ou pour le compte d'autrui, peut se présenter indistinctement, à Paris ou dans les départements, aux bureaux des trésoriers généraux, percepteurs des contributions directes, ou receveurs des postes. Là, on trouve des modèles de proposition d'assurance que l'on n'a plus qu'à remplir, suivant les conditions qui sont dans les convenances de l'assuré.

II

Certaines pièces doivent être produites. C'est d'abord l'extrait de l'acte de naissance, ou à défaut, l'acte de notoriété qui le remplace ; la délivance s'en obtient gratuitement et sans aucun droit de timbre et d'enregistrement.

Il est à remarquer que dans le cas où l'assuré éprouverait des difficultés à se procurer ces pièces, l'administra-

(1) Brochure in-8, de 16 pages.
On peut se la procurer gratuitement dans tous les bureaux des agents de l'administration mentionnés ci-dessus, auprès desquels se contracte l'assurance.

tion de la Caisse des dépôts se charge de les obtenir d'après les documents ou indications fournis par l'assuré.

On doit produire, en outre, selon les cas, à l'appui des propositions d'assurance, les pièces justificatives ci-après :

1° *En cas de proposition d'assurance faite par un mineur :*

Autorisation du père, de la mère ou du tuteur, légalisée par le maire et accompagnée d'un extrait de la délibération du conseil de famille qui a nommé le tuteur, lorsque la tutelle est dative ;

A défaut, et en cas d'empêchement du père, de la mère ou du tuteur :

Autorisation judiciaire ;

2° *En cas de proposition d'assurance par une femme mariée non séparée :*

Autorisation du mari, ou à défaut, autorisation judiciaire ;

3° *En cas de proposition d'assurance par une femme mariée et séparée de biens contractuellement :*

Extrait du contrat de mariage ;

4° *En cas de séparation de corps :*

Extrait du jugement qui a prononcé la séparation,

accompagné des certificats et attestations prescrits par l'article 548 du Code de procédure civile ; dans le cas où le jugement a été rendu par défaut, l'assuré doit produire, en outre, la justification que le jugement a été exécuté dans les six mois de son obtention, conformément à l'article 156 du Code de procédure civile et dans le sens de l'article 159, ou bien que la partie défaillante y a acquiescé avant l'expiration du délai de six mois;

5° *En cas de séparation de biens par jugement:*

Extrait du jugement qui a prononcé la séparation, accompagné des certificats et attestations prescrits par l'article 548 du Code de procédure civile, et, en outre, justification que les prescriptions de l'article 1444 du Code Napoléon ont été observées ; il peut être suppléé à ces pièces par un certificat du notaire liquidateur constatant que la communauté et les reprises de la femme ont été liquidées en vertu du jugement passé en force de chose jugée, et que les droits de la femme ont été payés jusqu'à concurrence des biens du mari.

Il est encore à remarquer que toutes ces pièces, de même que l'acte de naissance, peuvent être obtenues par l'assuré gratuitement et avec dispense des droits de timbre et d'enregistrement.

III

Il était indispensable d'accorder à l'assuré toutes les facilités possibles pour l'acquittement des primes d'assurance.

L'article 5 du décret du 10 août 1868 y a pourvu.

Les primes annuelles (autres que la première) peuvent être versées en toutes localités, au gré de l'assuré qui serait en voyage, entre les mains de tous receveurs des contributions ou des postes ; sauf certaines mesures de contrôle dans l'intérêt respectif des parties (art. 6 du décret).

L'assuré qui veut se libérer par anticipation peut également en faire la proposition, dans une forme déterminée, en s'adressant aux mêmes agents de l'administration.

IV

Malgré les facilités que nous venons d'indiquer et qui mettent le contrat d'assurance à la portée des personnes même les moins habiles à se préoccuper utilement de leurs intérêts, il y avait lieu de supposer que beaucoup hésiteraient encore à s'assurer par crainte de dérangement ou embarras quelconque.

Dans cette prévision, et pour ne laisser aucun prétexte à une hésitation malentendue, et remédier à toutes les difficultés de situation, l'article 9 du décret du 10 août 1868, permet de se faire assurer par les soins d'un *mandataire.*

Un mandataire spécial peut donc verser au nom de plusieurs assurés. — Des modèles de bordereaux particuliers qu'ils n'ont plus qu'à remplir, sont mis à leur disposition dans tous les bureaux où les propositions d'assurance sont reçues.

Ce mode de versement sera souvent précieux pour les chefs d'atelier ou d'industrie, et pour toute personne, en un mot, qui, dans l'intérêt de quelques assurés, retenus par leur éloignement, leurs occupations, ou une cause quelconque, voudront bien se faire leurs intermédiaires auprès de la Caisse d'assurance.

Ce mécanisme, dans l'instruction qui nous occupe, est signalé en ces termes, aux présidents et aux trésoriers des Sociétés de secours mutuels :

« En acceptant la mission de mandataires spéciaux, non-seulement des membres de leurs Sociétés qui voudront contracter des assurances individuelles, mais encore des personnes qui s'adresseront à eux, ils appelleront l'attention des ouvriers sur les avantages que leur offre la Caisse d'assurances en cas de décès et contribueront puissamment à répandre parmi eux les habitudes d'ordre, d'économie et de prévoyance, en leur épargnant des démarches que l'on s'est efforcé de leur rendre aussi simples que possible et qui néanmoins, étant toutes nouvelles pour eux, suffiraient souvent pour les faire renoncer aux bienfaits de l'assurance. »

V

Les paiements des sommes dues par la Caisse d'assurance, au décès de l'assuré, se font aux héritiers ou ayants-droit, par la Caisse des dépôts et consignations, ou ses préposés, c'est-à-dire les trésoriers généraux, les receveurs particuliers des finances, etc.

Il est superflu d'entrer ici dans des détails plus complets sur le mécanisme de l'assurance, nous en avons suffisamment exposé l'objet dans l'étude ci dessus, et quant aux renseignements plus particuliers, les intéressés se les procureront aisément chez les divers agents de l'administration que nous avons mentionnés.

VI

Pour compléter les renseignements utiles aux personnes qui voudraient contracter avec la Caisse d'assurance en cas de décès, nous publions les tarifs définitifs qui servent de base aux opérations de cette caisse.

Tarif des primes uniques, c'est-à-dire à verser en une seule fois pour assurer une somme de 100 francs payable au décès.

AGE DE L'ASSURÉ	PRIMES UNIQUES pour obtenir 100 fr. au décès	AGE DE L'ASSURÉ	PRIMES UNIQUES pour obtenir 100 fr. au décès
16 à 17 ans ...	25 f 9679	38 à 39 ans ...	37 f 6156
17 18 — ...	26 3987	39 40 — ...	38 4826
18 19 — ...	26 8014	40 41 — ...	39 3872
19 20 — ...	27 1739	41 42 — ...	40 3314
20 21 — ...	27 5582	42 43 — ...	41 3174
21 22 — ...	27 9818	43 44 — ...	42 3472
22 23 — ...	28 3042	44 45 — ...	43 3787
23 24 — ...	28 7870	45 46 — ...	44 4122
24 25 — ...	29 2239	46 47 — ...	45 4479
25 26 — ...	29 6755	47 48 — ...	46 4859
26 27 — ...	30 1425	48 49 — ...	47 5263
27 28 — ...	30 6257	49 50 — ...	48 5254
28 29 — ...	31 1257	50 51 — ...	49 5234
29 30 — ...	31 6435	51 52 — ...	50 5632
30 31 — ...	32 1799	52 53 — ...	51 6040
31 32 — ...	32 7358	53 54 — ...	52 6451
32 33 — ...	33 3122	54 55 — ...	53 7292
33 34 — ...	33 9101	55 56 — ...	54 8156
34 35 — ...	34 5300	56 57 — ...	55 9038
35 36 — ...	35 2214	57 58 — ...	57 0361
36 37 — ...	35 9807	58 59 — ...	58 2159
37 38 — ...	36 7842	59 60 — ...	59 4466

On remarquera que ce tarif, est un peu différent de celui qui avait été soumis au Corps législatif lors de la discussion de la loi, et qui nous a servi d'exemple dans les explications que nous avons fournies plus haut (nos 47, 66.)

Le mécanisme en est d'ailleurs facile à saisir ; il suffit d'y jeter un coup d'œil pour comprendre que l'on peut assurer à son décès une somme de 100 fr. moyennant le paiement une fois fait de la somme de :

25 fr. 96 c. à l'âge de 16 à 17 ans.
27 95 . . . 21 à 22.
32 73 . . . 31 à 32.
Etc., etc.

Le deuxième tarif, utile à consulter pour se rendre compte des avantages de l'assurance en cas de décès, est celui des primes versées chaque année et des résultats qu'elles produisent.

Il a été fixé ainsi qu'il suit :

Tarif des primes annuelles pour une assurance de 100 francs, payable au décès.

AGE DE L'ASSURÉ	PENDANT 5 ANS	PENDANT 10 ANS	PENDANT 15 ANS	PENDANT 20 ANS	PENDANT la durée DE LA VIE
16 à 17 ans	5f 63623	3f 15223	2f 34572	1f 95636	1f 32283
17 18 —	5 73195	3 20761	2 38772	1 99190	1 35206
18 19 —	5 82105	3 25863	2 42635	2 02455	1 37966
19 20 —	5 90228	3 30179	2 46122	2 05393	1 40345
20 21 —	5 98608	3 35240	2 49722	2 08417	1 43231
21 22 —	6 07257	3 40154	2 53438	2 11520	1 46030
22 23 —	6 16187	3 45230	2 57278	2 14732	1 48950
23 24 —	6 25410	3 50473	2 61237	2 18031	1 51998
24 25 —	6 34941	3 55893	2 65311	2 21428	1 55183
25 26 —	6 44793	3 61497	2 69505	2 24927	1 58514
26 27 —	6 54983	3 67295	2 73823	2 28532	1 61999
27 28 —	6 65525	3 73295	2 78268	2 32253	1 65651
28 29 —	6 76137	3 79485	2 82847	2 36101	1 69480
29 30 —	6 87738	3 85850	2 87562	2 40087	1 73500
30 31 —	6 99445	3 92395	2 92419	2 44224	1 77723
31 32 —	7 11579	3 99124	2 97423	2 48526	1 82165
32 33 —	7 24161	4 06044	3 02589	2 53017	1 86842
33 34 —	7 37115	4 13158	3 07937	2 57714	1 91773
34 35 —	7 50349	4 20471	3 13487	2 62632	1 96978
35 36 —	7 65197	4 28798	3 19878	2 68316	2 02879
36 37 —	7 81870	4 38238	3 27203	2 74846	2 09553
37 38 —	7 99247	4 48108	3 34949	2 81770	2 16665
38 39 —	8 17363	4 58463	3 43161	2 89127	2 24255
39 40 —	8 36259	4 69365	3 51878	2 96964	2 32371
40 41 —	8 55975	4 80886	3 61157	3 05324	2 41063
41 42 —	8 76551	4 93106	3 71063	3 14255	2 50391
42 43 —	8 98178	5 06153	3 81655	3 23812	2 60422
43 44 —	9 21053	5 20138	3 93015	3 34067	2 71232
44 45 —	9 44006	5 34270	4 04551	3 44509	2 82415
45 46 —	9 67017	5 48563	4 16260	3 55143	2 93995
46 47 —	9 90184	5 63034	4 28136	3 65981	3 05990
47 48 —	10 1359	5 77656	4 40171	3 77032	3 18444
48 49 —	10 3729	5 92439	4 52371	3 88388	3 31304
49 50 —	10 5966	6 06441	4 63992	3 99368	3 44212
50 51 —	10 8187	6 20426	4 75663	4 10601	3 57499
51 52 —	11 0542	6 35310	4 88155	4 22798	3 71851
52 53 —	11 2887	6 50175	5 00808	4 35395	3 86767
53 54 —	11 5220	6 64994	5 13654	4 48434	4 02268
54 55 —	11 7695	6 80787	5 27574	4 62703	4 19067
55 56 —	12 0165	6 96580	5 41903	4 77607	4 36616
56 57 —	12 2599	7 12339	5 56686	4 93188	4 54955
57 58 —	12 5136	7 29232	5 72903	5 10327	4 74905
58 59 —	12 7808	7 47551	5 90821	5 29286	4 96696
59 60 —	13 0657	7 67653	6 10727	5 50359	5 20004

Sur ce tableau, on remarquera, comme sur le précédent, quelques différences avec les chiffres que nous avions indiqués ci-dessus (nos 48 et 66). La révision des calculs depuis que la loi a été présentée au Corps législatif a permis de fixer les chiffres du tarif d'une manière plus exacte, et dans certains cas plus avantageuse pour les assurés.

Le tableau qui précède est d'ailleurs parfaitement clair :

Veut-on, à l'âge de 30 à 31 ans, s'assurer pour une somme de 100 francs ? — On pourra le faire en payant :

6 fr. 99 pendant 5 ans,
ou 3 92 pendant 10 ans,
ou 2 92 pendant 15 ans,
ou 2 41 pendant 20 ans,
ou 1 73 pendant la durée de la vie.

II. — Instruction spéciale pour les assurances collectives en cas de décès, au profit des Sociétés de secours mutuels.

Cette instruction, accompagnée d'un tarif et du modèle des pièces à fournir, est tenue à la disposition du public par la Caisse des dépôts et consignations.

Nous en extrayons les principaux passages, afin de compléter les développements que nous avons donnés sur l'article 7 de la loi. (Voyez ci-dessus nos 89 à 105.)

« Le président d'une société de secours mutuels, qui veut contracter une assurance collective, souscrit une proposition d'assurance conforme au modèle ci-après (1).

(1) La formule en est ainsi conçue :

La Société de secours mutuels approuvée d
, arrondissement d
département d , représentée par
M. , son président, déclare verser
la somme de
à titre de prime collective, à l'effet d'obtenir l'assurance d'une somme de
payable à cette Société pour chaque décès qui surviendra parmi ses membres désignés dans la liste ci-jointe, pendant l'année mil huit cent

Fait à , le 18

Le Président de la Société,

Au surplus, l'administration de la Caisse des dépôts et consignations fournit des imprimés en blanc que les présidents de Société n'ont plus qu'à remplir.

Mais, pour éviter les retards qu'entraînerait le renvoi de la proposition, en cas d'erreur dans le calcul de la somme versée, le président peut ne la porter qu'au crayon ou même la laisser en blanc, la Caisse des dépôts et consignations se chargeant de la mentionner,

« Cette proposition indique le nom de la société et celui du président qui la représente, le montant de la prime collective versée, la somme à recevoir au décès de chacun des membres de la société et l'année pour laquelle l'assurance est contractée.

« A cette proposition, le président joint une liste nominative, conforme au modèle ci-après, de *tous* les membres qui composent la société ; cette liste mentionne les noms et prénoms des sociétaires, la date de leur naissance et la prime correspondant à l'âge de chacun d'eux, conformément au tarif ci-après.

« Pour éviter les retards qu'entraînerait le renvoi de ces pièces en cas d'erreur dans les chiffres, les présidents pourront ne porter qu'au crayon ou même laisser en blanc : 1° sur la proposition, le montant de la prime collective ; 2° sur la liste nominative, la prime correspondant à l'âge de chacun des sociétaires, la Caisse des dépôts et consignations se chargeant de remplir ces indications.

« La proposition d'assurance et la liste nominative dûment revêtues de la signature du président, qui y appose en outre le timbre de la société, sont adressées directement par lui à la Caisse des dépôts et consignations pour y être examinées et complétées, s'il est nécessaire. Ces deux pièces sont ensuite soumises, par la Caisse des dépôts, à l'approbation du Ministre de l'intérieur par l'intermédiaire duquel elles sont renvoyées au président de la Société.

« Le président effectue alors le versement du montant de la prime collective et produit à l'appui la proposition d'assurance et la liste nominative qui l'accompagne. Les versements sont reçus, à Paris, à la Caisse des dépôts et consignations (rue de Lille, n° 56), et dans les départements, par les trésoriers généraux, les receveurs particuliers des finances, les percepteurs des contributions directes et les receveurs des postes.

« Ces versements donnent lieu à la délivrance de reçus provisoires consistant, soit en *quittances à souches*, extraites du livre-journal des percepteurs ou des receveurs des postes, soit en *récépissés à talon* délivrés par les receveurs particuliers des finances et les trésoriers généraux, suivant le comptable entre les mains duquel ils sont effectués.

« Ces reçus provisoires doivent être remis ultérieurement au comptable en échange d'une copie de la liste nominative dûment signée, revêtue du timbre de la Caisse des dépôts, et formant titre définitif.

« Les présidents des Sociétés de secours mutuels sont engagés à établir les listes nominatives dans l'ordre des années de naissance des sociétaires, la même prime étant due pour tous les membres nés dans la même année ; ils sont invités en outre à renvoyer à la Caisse des dépôts et consignations les projets de propositions d'assurance et de listes nominatives assez à temps pour que ces pièces, après avoir été examinées et soumises à l'approbation du ministre de l'intérieur, puissent leur être renvoyées au plus tard le 15 décembre, et qu'ils soient dès-lors en mesure d'effectuer leurs versements en temps utile (1).

(1) Des imprimés destinés à ces listes sont également fournis par la Caisse des dépôts et consignations, et il suffit d'y apposer les noms des sociétaires dans l'ordre de la date de leur naissance, l'administration se chargeant ensuite d'y inscrire le montant des primes individuelles dues d'après les tarifs, et dont le total forme la somme collective que la Société doit verser.

« Le paiement des sommes dues à une Société, par suite du décès d'un de ses membres, est effectué entre les mains du trésorier de cette Société dûment autorisé.

« Ce paiement a lieu à Paris, à la Caisse des dépôts et consignations, ou dans les départements, par l'entremise de ses préposés, sur une autorisation du directeur général, auquel la demande doit être adressée par le président de la Société, avec l'acte de décès du sociétaire. »

Ajoutons à cette instruction que les assurances collectives peuvent être contractées, soit au profit des sociétés elles-mêmes, soit au profit de leurs membres.

Dans le premier cas, le paiement des sommes dues, encaissé par le trésorier de la Société, vient augmenter le patrimoine de celle-ci. L'assurance, ainsi faite sur la tête des Sociétaires, au profit personnel de la Société, n'a rien de contraire, ni aux principes du droit commun, (voyez ci-dessus n° 54), ni aux dispositions de la loi spéciale du 11 juillet 1868; mais à ce double point de vue, le consentement de tous les membres de la Société est indispensable.

Toutefois, c'est surtout dans l'intérêt des sociétaires eux-mêmes, pour leurs veuves et héritiers, que l'assurance collective a été organisée par la loi du 11 juillet 1868. (Voyez ci-dessus n° 99.)

Dans ce cas, les sommes perçues par le trésorier de la Société seront remises à la famille des sociétaires décédés, dans la proportion déterminée par le tarif, suivant leur âge.

Mais comme l'assurance collective n'est permise, même dans ce cas, que si *tous* les membres des Sociétés y adhèrent, il en résultera que la proposition d'assurance collective ne devant profiter qu'aux Sociétaires mariés ou ayant des proches héritiers, sera fréquemment repoussée par les sociétaires célibataires, ou veufs sans famille, et demeurera irréalisable par suite de leur refus.

Nous persistons donc à penser que la loi s'est montrée trop absolue, en faisant de l'unanimité d'adhésion des sociétaires, la condition indispensable de l'assurance collective. (Voyez ci-desus n° 101 et suiv.)

Il ne nous reste plus qu'à donner un extrait des tarifs de l'assurance collective. Les chiffres définitivement arrêtés présentent une très-légère différence avec ceux qui nous ont servi d'exemple plus haut. (Voy. ci-dessus n° 98.) Ils indiquent ce qui est à payer chaque année, et suivant chaque âge, pour garantir le paiement d'une somme de 100 francs au décès de chaque assuré, survenu dans l'année :

Tarif d'assurance collective.

AGE	PRIME POUR ASSURER 100 FR.	AGE	PRIME POUR ASSURER 100 FR.
16 à 17 ans ...	0f 85088	53 à 54 ans ...	2f 15661
17 18 — ...	0 85804	54 55 — ...	2 20902
18 19 — ...	0 86533	55 56 — ...	2 35207
19 20 — ...	0 93507	56 57 — ...	2 50793
20 21 — ...	1 00605	57 58 — ...	2 67407
21 22 — ...	1 01669	58 59 — ...	2 74614
22 23 — ...	1 02693	59 60 — ...	2 82215
23 24 — ...	1 03739	60 61 — ...	2 90252
24 25 — ...	1 04805	61 62 — ...	3 10251
25 26 — ...	1 05894	62 63 — ...	3 31843
26 27 — ...	1 07006	63 64 — ...	3 43010
27 28 — ...	1 08141	64 65 — ...	3 67633
28 29 — ...	1 09301	65 66 — ...	4 07692
29 30 — ...	1 10486	66 67 — ...	4 52078
30 31 — ...	1 11697	67 68 — ...	5 01731
31 32 — ...	1 12934	68 69 — ...	5 57863
32 33 — ...	1 14200	69 70 — ...	6 06115
33 34 — ...	1 15494	70 71 — ...	6 61398
34 35 — ...	1 16817	71 72 — ...	7 25431
35 36 — ...	1 18172	72 73 — ...	7 81020
36 37 — ...	1 12085	73 74 — ...	8 45835
37 38 — ...	1 05776	74 75 — ...	8 99321
38 39 — ...	1 06886	75 76 — ...	9 61061
39 40 — ...	1 08018	76 77 — ...	10 6112
40 41 — ...	1 09175	77 78 — ...	11 5326
41 42 — ...	1 10358	78 79 — ...	12 6525
42 43 — ...	1 11560	79 80 — ...	14 0445
43 44 — ...	1 12800	80 81 — ...	15 3583
44 45 — ...	1 14063	81 82 — ...	16 4302
45 46 — ...	1 23593	82 83 — ...	16 9872
46 47 — ...	1 33451	83 84 — ...	18 0325
47 48 — ...	1 43673	84 85 — ...	20 0036
48 49 — ...	1 54299	85 86 — ...	22 5170
49 50 — ...	1 65375	86 87 — ...	24 3398
50 51 — ...	1 85797	87 88 — ...	25 9804
51 52 — ...	1 98239	88 89 — ...	29 5011
52 53 — ...	2 02192	89 90 — ...	33 9744

III. — Instruction pratique à l'usage des déposants à la Caisse d'assurance en cas d'accidents.

Cette instruction, comme les précédentes, est tenue à la disposition du public par l'administration de la Caisse des dépôts et consignations, ainsi que les modèles des pièces nécessaires à ce genre d'assurances.

La forme du contrat, ou proposition d'assurance individuelle ou collective en cas d'accident, est la même que pour l'assurance en cas de décès.

Elle peut être contractée également par l'intermédiaire de mandataires spéciaux.

Nous n'avons rien à ajouter aux développements que nous avons donnés plus haut sur les articles 8 et suivants de la loi du 11 juillet 1868.

Nous nous bornons à publier l'extrait suivant des tarifs :

Pensions allouées à chaque âge pour des accidents ayant occasionné une incapacité absolue de travail.

AGE	COTISATION DE			AGE	COTISATION DE		
	8 francs	5 francs	3 francs		8 francs	5 francs	3 francs
12 ans	290	200	150	39 ans	347	217	150
13 —	292	200	150	40 —	351	219	150
14 —	293	200	150	41 —	356	222	150
15 —	295	200	150	42 —	361	226	150
16 —	297	200	150	43 —	366	229	150
17 —	298	200	150	44 —	372	233	150
18 —	300	200	150	45 —	379	237	150
19 —	301	200	150	46 —	386	241	150
20 —	303	200	150	47 —	393	246	150
21 —	304	200	150	48 —	401	250	150
22 —	306	200	150	49 —	408	255	153
23 —	307	200	150	50 —	417	260	156
24 —	309	200	150	51 —	425	266	159
25 —	311	200	150	52 —	433	271	162
26 —	312	200	150	53 —	442	276	166
27 —	314	200	150	54 —	452	283	170
28 —	316	200	160	55 —	462	289	173
29 —	318	200	140	56 —	473	296	177
30 —	320	200	150	57 —	485	303	182
31 —	322	202	150	58 —	497	311	186
32 —	325	203	150	59 —	510	319	191
33 —	327	205	150	60 —	525	328	197
34 —	330	206	150	61 —	541	338	203
35 —	333	208	150	62 —	560	350	210
36 —	336	210	150	63 —	579	362	217
37 —	339	212	150	64 —	600	375	225
38 —	343	214	150	65 — et au-dessus	624	390	234

On remarquera que les pensions allouées en vertu de ce tarif sont beaucoup plus élevées que celles résultant des tarifs provisoires, présentés au Corps législatif, et qui nous ont servi d'exemple dans l'examen des articles de la loi. (Voy. notamment sur l'article 11, aux numéros 133 et suiv).

L'application en est d'ailleurs fort simple : un coup-d'œil suffit pour constater, qu'à l'âge de 12 ans, par exemple, on peut obtenir, en cas d'accident survenant dans l'année de l'assurance, et entraînant une incapacité *absolue* de travail, une pension viagère de 290 francs, moyennant le versement de 8 francs ; de 200 francs si on a versé 5 francs, et de 150 francs, si on a versé 3 francs.

A 30 ans, une pension de 320 francs, moyennant le versement de 8 francs ; — de 200 francs si on a versé 5 francs, etc.

Si l'accident, au lieu d'entraîner une incapacité absolue de travail, occasionne seulement l'impossibilité de continuer le travail de la profession exercée au moment de l'accident, la pension n'est plus que de la moitié. (Voyez ci-dessus l'art. 11, numéros 119 et suiv.)

DES DIVERS MODES D'ASSURANCE

Offerts par la Société anonyme La Sécurité générale, particulièrement au point de vue des accidents temporaires

---

L'étude que nous venons de faire des Caisses d'assurance sur l'Etat, créées par la loi du 11 juillet 1868, ne saurait exclusivement attirer notre attention et nous faire méconnaître les services qu'a déjà rendus, et que peut plus encore rendre dans l'avenir la Société anonyme qui a pris naissance en 1865, sous le nom de *la Sécurité générale.*

Nous avons expliqué plus haut (n°s 19 à 24) comment le Corps législatif avait été conduit à penser que les Caisses fondées avec le concours de l'Etat seraient préférables au point de vue de l'assurance en cas de décès, et au cas d'accidents entraînant une incapacité *absolue* de travail.

Mais ce qui a été constaté et ne peut laisser aucun doute, ce sont les avantages particuliers qu'offre la *Sécurité générale* quant aux accidents occasionnant une incapacité *temporaire* de travail.

Tel a été d'ailleurs plus particulièrement jusqu'à ce jour l'objet des opérations réalisées par cette compagnie. (Voyez plus haut la note sur le n° 24.)

Toutefois elle ne se borne pas à ce genre d'assurance, et il serait injuste de ne pas reconnaître qu'elle offre une variété de combinaisons susceptibles de satisfaire à un grand nombre des risques divers que courent les travailleurs.

On peut utilement consulter à cet égard, outre les notices et prospectus que la *Sécurité générale* tient dans tous ses bureaux à la disposition du public, un petit volume publié par son directeur M. Besnier de la Pontouerie, sous ce titre : *Les accidents et leurs effets atténués au moyen de l'assurance à prime fixe* (1).

Nous y voyons que la *Securité générale*, constituée dans les meilleures conditions et avec le concours d'un personnel administratif essentiellement recommandable, garantit à ses assurés, ou à leur famille, moyennant des primes payables à leur gré, par année et par mois, et même divisibles par jour :

1° En cas de mort provenant de cause violente involontaire, une indemnité pécuniaire ;

2° En cas d'*incapacité permanente* de travail, une rente viagère, ou une indemnité proportionnée à la gravité de la blessure, et au chiffre pour lequel l'assurance a été contractée ;

3° En cas d'*incapacité temporaire* de travail, variant de

(1) Un vol, in-12, Paris, 1866, — aux bureaux de la *Sécurité générale*, rue de Ménars, n. 10, — et à Lyon, rue de l'Impératrice, n° 57.

cinq jours à quatre-vingt-dix jours, une indemnité quotidienne (1).

L'assurance contractée pour ces trois objets réunis, ou pour l'un d'eux seulement, peut être individuelle ou collective :

Individuelle, quand elle est contractée par une seule personne, dans son intérêt propre, ou dans l'intérêt d'un tiers par elle désigné.

Collective, quand elle est stipulée par les chefs d'établissements ou d'administration, ou par les sociétés de secours mutuels, dans l'intérêt de leurs ouvriers, employés ou sociétaires.

Quant aux conditions de l'assurance, c'est-à-dire quant au chiffre des primes, il dépend de diverses circonstances, mais particulièrement de la situation professionelle de l'assuré.

En effet, la *Sécurité générale* divise les assurés en trois classes, correspondant aux divers risques qu'ils courent d'après leur position sociale ou la nature de leur travail, et qui sont les suivantes :

1re Classe, *risques ordinaires*. — Ceux que court le public en général.

2e Classe, *risques hasardeux*. — Ceux qui incombent plus particulièrement aux travaux industriels.

(1) On peut même ne s'assurer que pour un nombre d'heures limité chaque jour ; précieuse combinaison qui permet, soit aux ouvriers eux-mêmes, soit aux chefs d'industrie, de prévoir et réparer les sinistres, résultant du travail plus particulièrement dangereux que peuvent comporter de temps en temps, ou dans le cours d'une journée, certaines industries.

3e Classe, *risques très-chanceux.* — Ce sont les risques exceptionnels donnant lieu à une prime spéciale, dont la fixation est réservée au conseil d'administration.

Cette distinction, très-juste au point de vue mathématique, quand on veut tenir la balance strictement égale entre l'assureur et l'assuré, a pour résultat de rendre l'assurance plus onéreuse, dans le cas même où l'on en aurait le plus besoin, et quand il serait plus désirable qu'elle fût plus accessible à tous. Aussi, dans des circonstances identiques l'Etat, moins préoccupé de son intérêt, a pris soin d'offrir les mêmes avantages à des conditions moins chères. (Voyez ci-dessus, p. 21.)

Toutefois, il faut reconnaître aussi que, dans quelques cas déterminés, la *Sécurité générale* assure contre le risque de mort accidentelle, ou d'incapacité permanente, à un taux moins élevé que l'Etat (1).

Rappelons surtout que cette Compagnie a toute une branche d'assurance que l'Etat a dû abandonner à l'initiative privée : c'est, nous l'avons déjà dit, l'indemnité en cas d'infirmité *temporaire*.

C'est par là, surtout, qu'elle peut rendre les plus grands services et compléter admirablement et souvent suppléer l'œuvre des sociétés de secours mutuels.

Quels que soient, en effet, les avantages que les sociétés

(1) Ainsi la *Sécurité générale* ne tient pas compte de l'âge dans la fixation des rentes viagères ; il en résulte que ses tarifs peuvent être plus avantageux que ceux de l'Etat pour les assurés frappés d'un sinistre à un âge peu avancé, par exemple jusqu'à 45 ans ; mais, à partir de cet âge, au contraire, les rentes servies par l'Etat sont d'un chiffre bien plus élevé, parce qu'elles sont proportionnées aux chances ordinaires de mortalité.

de secours mutuels garantissent à leurs membres atteints de maladies ou infirmités temporaires, elles ne sauraient suffire à tous les périls qui, de plus en plus, menacent les travailleurs.

Qui peut mieux le savoir que ceux-là mêmes qui voient de près de quels secours ont trop souvent besoin les mutilés de l'industrie ?

Recueillons ici les observations précieuses d'un des maîtres de la presse médicale :

« Nul ne niera la désastreuse multiplication des accidents qui frappent les ouvriers des usines, manufactures, ateliers. Conséquence obligée du progrès industriel, elle ne peut qu'aller en augmentant. Tout y pousse, car tout autour de nous devient vapeur, locomobile, locomotive, hélice, rouages, cylindres, pistons (1).

« Or, réfléchissons un peu : pas une chaudière qui ne menace d'éclater ; pas un essieu qui ne finisse par se rompre, pas un train que les abîmes n'appellent, pas un engrenage qui n'atire à lui le membre qui l'approche. Tout ce mécanisme, à la vérité, est réputé parfait, s'il faut en croire MM. les ingénieurs, fabricants, mécaniciens qui le garantissent à l'envi, mais que vaut leur caution ?... les chirurgiens le savent... et l'amphithéâtre aussi.

« Or, quand un ouvrier est blessé, qu'en fait-on ?... règle générale, on le transporte à l'hôpital.

« A l'hôpital que trouve-t-il ?... des soins de tous les

(1) *Gazette médicale* de Lyon, du 5 janvier 1868. *Les victimes de l'industrie.* (Feuilleton de M. le Dr Diday.)

instants, une habileté consommée, la charité la plus vigilante..., mais aussi l'atmosphère nosocomiale qui, sur trois de ces malheureux, en empoisonne à mort au moins un. La science impuissante est réduite à en gémir, et non-seulement elle avoue le mal actuel, mais elle désespère même, malgré tous les perfectionnements possibles, d'y remédier dans l'avenir, au-delà d'une certaine mesure.

« C'est donc un fait acquis, incontestable, que sur 100 blessés portés à l'hôpital près de 30 meurent par l'hôpital, qui, *s'ils avaient eu les moyens de se faire soigner chez eux, auraient indubitablement guéri.* »

De là M. le docteur Diday, à qui nous avons emprunté cette émouvante peinture, conclut à l'urgente nécessité d'institutions *assurant* aux ouvriers mutilés une indemnité qui leur permette de se faire soigner chez eux à domicile, dans ce milieu d'affection et avec ces conditions de salubrité qui hâtent plus sûrement la guérison que la meilleure assistance hospitalière (1).

Or, si à cette parole, que la science médicale et l'expé-

(1) Les préoccupations de M. le docteur Diday vont plus loin : il prévoit et redoute le fait de l'ouvrier qui recevant une indemnité pécuniaire, « l'encaisse ou la dissipe et ne va pas moins se faire traiter gratis à l'hôpital. »

Il n'est pas possible d'imposer dans un contrat d'assurance individuelle une restriction quelconque au droit qu'a l'assuré de disposer, comme il l'entend, de la somme qu'il touche à raison du sinistre qui le frappe.

Mais en matière d'assurance collective, organisée au sein des Sociétés de secours mutuels, ou des associations coopératives, ou par les soins des patrons et chefs d'industrie, il est facile d'imposer à l'assuré un emploi déterminé de son indemnité, de manière à rendre prompte et sure sa guérison.

rience de la bienfaisance autorisent également, nous ajoutons les douloureuses constatations de statistique en matière d'accidents, qu'a recueillies M. Besnier de la Pontonerie, dans le livre que nous avons cité plus haut, nous croirons avoir suffisamment justifié la haute mission des Caisses d'assurances populaires, créées, soit par l'Etat, soit par l'initiative privée.

Peu importent donc, en résumé, leur origine, leur caractère officiel ou privé, la différence plus ou moins marquée des avantages qu'offrent les unes ou les autres dans les diverses combinaisons auxquelles se prête le contrat d'assurance.

Ce qui importe avant toute chose, c'est que l'assurance devienne de jour en jour plus populaire, mieux comprise, plus pratiquée.

Notre but, dans ce travail, a été de contribuer à en propager les bienfaits multiples. Toute liberté reste aux intéressés de s'adresser à l'assurance par l'Etat ou à celle organisée par la *Sécurité générale*, ou par toute autre Société privée.

Mais ce qui n'est plus permis, c'est l'imprévoyance, c'est l'oubli et l'indifférence vis-à-vis d'institutions que la science économique et l'expérience offrent à ceux dont le travail est la principale ressource, comme le plus sûr moyen soit de se prémunir contre les chances fatales et les conséquences directes des accidents de leur profession, soit de laisser à leur décès au moins un petit patrimoine à leur famille.

TABLE

Lyon, impr. de P. Mougin-Rusand, rue Stella, 3.

DU MÊME AUTEUR.

Du prêt a Intérêt et de l'Usure. Brochure in-8, de 140 p. 1852. — Dijon, Loireau-Feuchot, imprimeur.

Résumé général de la Jurisprudence de la Cour impériale de Lyon, contenant l'analyse des arrêts rendus par cette Cour sur toutes les matières du droit, depuis 1800 jusqu'à 1859. Un fort vol. in-8, petit texte, 1859. — Paris, Cosse et Marchal, éditeurs. — Lyon, Mougin-Rusand, éditeur.

Des honoraires des Médecins. — Leur taux, leur recouvrement, etc. 2 brochures in-8, 1864. — Lyon, Aimé Vingtrinier, imprimeur.

Les Associations ouvrières a Lyon. Etude sur leur passé, leur présent, leurs conditions de progrès. Ouvrage couronné par l'Académie impériale des sciences, belles-lettres et arts de Lyon. 1 vol. in-8, de 470 pages, 1864. — Paris, Guillaumin et Cie.

Jurisprudence de la Cour impériale de Lyon, recueillie avec le concours de M. Bonjour, greffier en chef. 1 vol. in-8, chaque année. De 1858 à 1868 inclus. 10 volumes. — Lyon, Mougin-Rusand, éditeur.

Lyon, impr. P. Mougin-Rusand. — 1869.

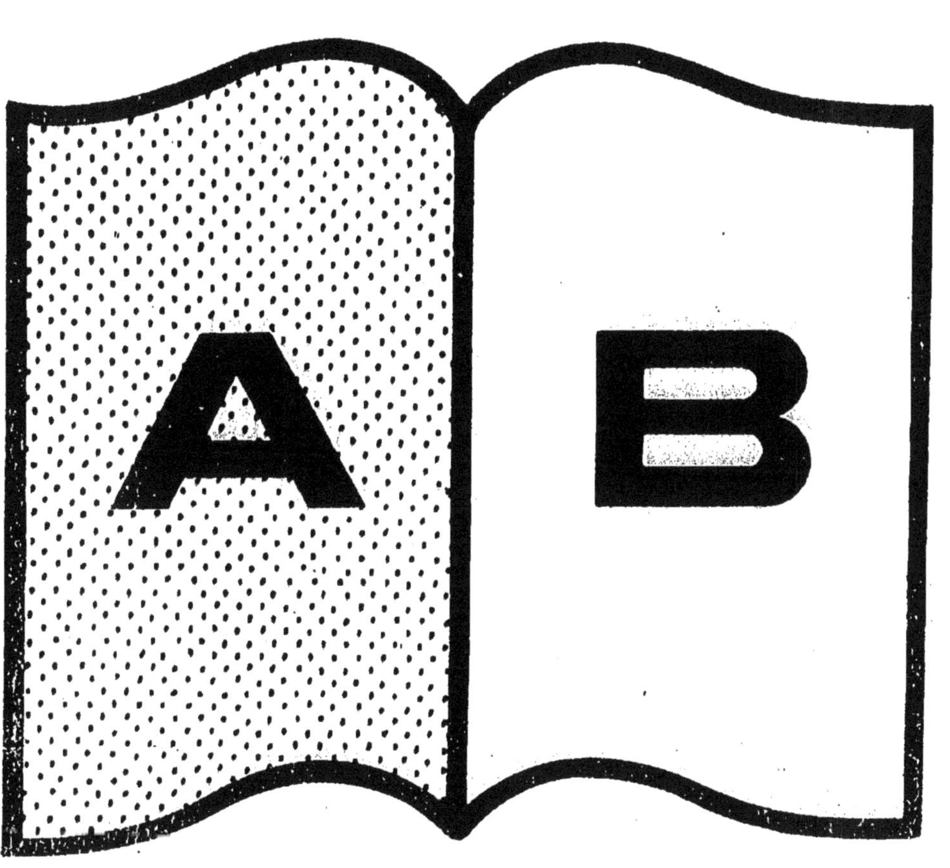

Contraste insuffisant

NF Z 43-120-14

www.ingramcontent.com/pod-product-compliance
Ingram Content Group UK Ltd.
Pitfield, Milton Keynes, MK11 3LW, UK
UKHW021043230726
13926UKWH00004B/1633